Wir plu… 1

Grundkurs De… …e

Trainingsheft mit Audio-CD

Ernst Klett Sprachen
Stuttgart

Wir plus neu A1

Grundkurs Deutsch für junge Lernende

1. Auflage 1 5 4 3 2 1 | 2019 2018 2017 2016 2015

Alle Drucke dieser Auflage können nebeneinander benutzt werden, sie sind untereinander unverändert. Die letzte Zahl bezeichnet das Jahr des Druckes.

Internetadresse: www.klett-sprachen.de

Bearbeitung und Redaktion: Barbara Ceruti, Barcelona; Michael Krumm, Lüneburg
Umschlaggestaltung: Anna Wanner
Illustrationen: Agge Schlag, Köln
Herstellung, Gestaltung und Satz: grundmanngestaltung, Karlsruhe
Reproduktion: Meyle + Müller GmbH + Co.KG, Pforzheim
Druck: Druckerei A. Plenk KG, Berchtesgaden

ISBN 978-3-12-**675991**-5

9 783126 759915

INHALT

Lektion 1

Erste Kontakte

→ WIR neu Modul 1

Wir kommunizieren ab Seite 7

Wir üben Grammatik ab Seite 24

Wir trainieren auf Seite 28

Wir spielen ab Seite 29

Lektion 2

So wohne ich

→ WIR neu Modul 2

Wir kommunizieren ab Seite 37

Wir üben Grammatik ab Seite 52

Wir trainieren auf Seite 58

Wir spielen ab Seite 59

Wir kommunizieren ab Seite 67

Wir üben Grammatik ab Seite 82

Wir trainieren auf Seite 88

Wir spielen ab Seite 89

Mein Alltag

→ WIR neu Modul 3

Weitere Komponenten
Wir neu A1

Wir neu A1 auf einen Blick

Wir neu A1.1
Lehr- und Arbeitsbuch mit Audio-CD

Wir neu A1.2
Lehr- und Arbeitsbuch mit Audio-CD

Wir neu A1
Lehrerhandbuch

Wir neu A1.1 digital
Komplettes Unterrichtsmaterial auf DVD-ROM

Wir neu A1.2 digital
Komplettes Unterrichtsmaterial auf DVD-ROM

Symbole im Buch

▶01 Tracknummer auf der CD

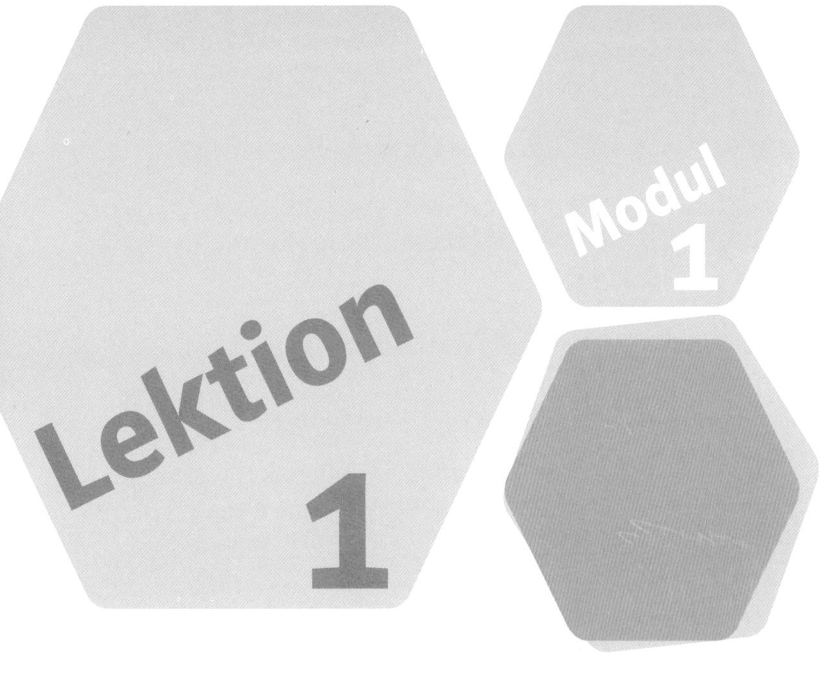

Erste Kontakte

Wir kommunizieren

Begrüßen und vorstellen

1 Was ist richtig? Kreuz an.

1. ◯ a. Gruß dich!
   ◯ b. Grüß dich!
   ◯ c. Grüß dick!
2. ◯ a. Hello!
   ◯ b. Hallo!
   ◯ c. Hallow!
3. ◯ a. Tscüs!
   ◯ b. Tschusz!
   ◯ c. Tschüs!
4. ◯ a. Guten Tag!
   ◯ b. Guden Tag!
   ◯ c. Gooden Tag!
5. ◯ a. Auf Wi n!
   ◯ b. Auf wieder Sehen!
   ◯ c. Auf Wiedersehen!

2 Welche Begrüßung steckt dahinter? Bringe die Buchstaben in die richtige Reihenfolge.

1. TUENG GAT! Guten Tag!
2. OLLAH! Hallo!
3. UAF DERWIESEHNE! Auf Wiedersehen!
4. CHÜSST! Tschüs!
5. RÜßG CHID! Grüß dich!

3 Wie begrüßt du diese Personen? Wie verabschiedest du diese Personen?

	begrüßen	verabschieden
1. Deine Freundin Lisa:	~~Hallo~~ Grüß dich	Tschüs
2. Deinen Deutschlehrer Herrn Scholz:	Guten Tag	Auf Wiedersehen
3. Deine Klassenkameraden Anna und Marco	~~Guten~~ Hallo	Tschüs

4 Wie begrüßt man sich im Verlauf des Tages?

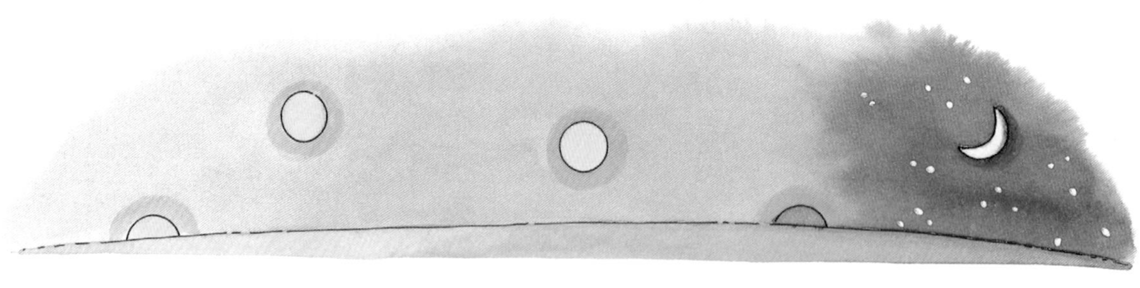

Guten Morgen! Guten Tag! Guten Abend! Gute Nacht!

06:30	Guten Morgen!	17:30	Guten Abend
10:00	Guten Morgen!	22:30	Gute Nacht
19:45	Guten Abend!	14:30	Guten Tag
07:15	Guten Morgen!	24:00	Gute Nacht

5 Verbinde die Fragen mit den passenden Antworten.

1. Wie heißt du?
2. Tag! Bist du Stefanie?
3. Heißt du Lara?
4. Hallo! Wer bist du?
5. Bist du Jakob?

a. Nein, ich bin Claudia.
b. Ich heiße Timo.
c. Ich bin Monika.
d. Ja, ich bin Jakob.
e. Nein, ich heiße Melanie.

6 Ergänze den Dialog.

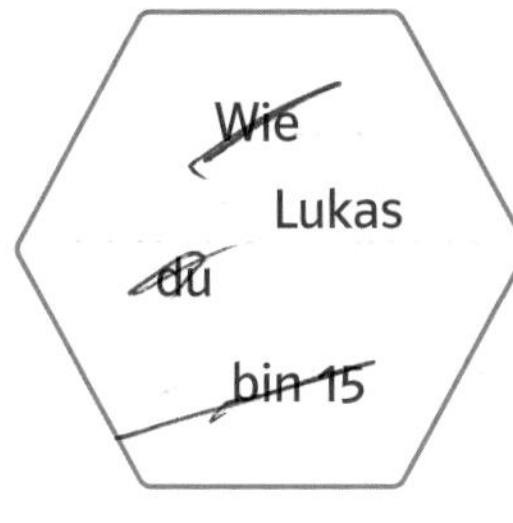

Tschüs
Ich heiße
alt
15

- Hallo! Ich bin Max. Wie heißt du?
- Hallo! ich heiße Lukas.
  Max, wie alt bist du?
- Ich bin 15.
- Ich bin auch 15.
  Tschüs, Max.
- Tschüs, Lukas.

7 Stell die Fragen.

- Hallo! Ich bin Lara.
  wie heißt du?
- Ich heiße Tobias.
- Tobias, wie alt bist du?
- Ich bin 12.
- Und wo wohnst du?
- Ich wohne in Graz.
- Graz? Wo ist das denn?
- Graz liegt in Österreich?
- Wie viel seid ihr zu Hause?
- Wir sind vier: mein Vater, meine Mutter, meine Schwester Marion und ich.

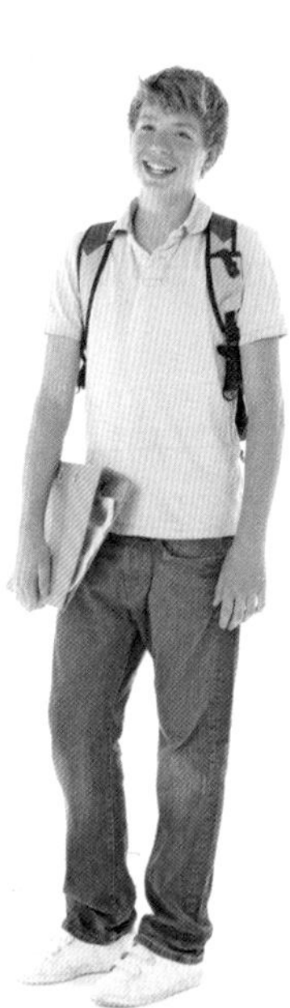

8 **Ergänze den Steckbrief mit deinen persönlichen Daten. Stell dich anschließend vor.**

Vorname/Name: Amna Shatry
Alter: 12
Wohnort: cairo
Land: Eng/ken
E-Mail: Amna.shatry14@gmail.com
Geschwister: Aida, laila, Haneen, farycush

Hallo! Das bin ich! Ich heiße Amna.
Ich bin 12.
Ich wohne in Kairo.
Ich komme aus England.
Meine Email Adresse:
Ich habe vier Schwestern.

9 **Hör dir das Interview an und bringe die einzelnen Teile in die richtige Reihenfolge. Ergänze dann den Steckbrief.** ▶01

● *Wo wohnst du?* ● Ich wohne in Berlin.	2
● *Was ist dein Lieblingsessen?* ● Hamburger mit Pommes.	6
● *Dirk, wie alt bist du eigentlich?* ● Ich bin 20.	4
● *Was machst du?* ● Ich bin Techno-DJ und singe auch in einer Techno-Band.	3
● *Wie heißt du?* ● Ich heiße Dirk Wulf. Aber mein Spitzname ist Willy.	1
● *Danke für das Interview.* ● Bitte!	8
● *Wie heißt dein großer Hit?* ● Im Moment ist „Stop now" mein großer Hit.	5
● *Und was ist dein Lieblingsgetränk?* ● Ich trinke sehr gern Cola mit Zitrone.	7

Name: Dirk Wulf
Spitzname: Willy
Beruf: Techno-DJ
Wohnort: Berlin
Alter: 20
Lieblingsessen: Hamburger & chips
Lieblingsgetränk: Cola with lemon
Großer Hit: Stop now

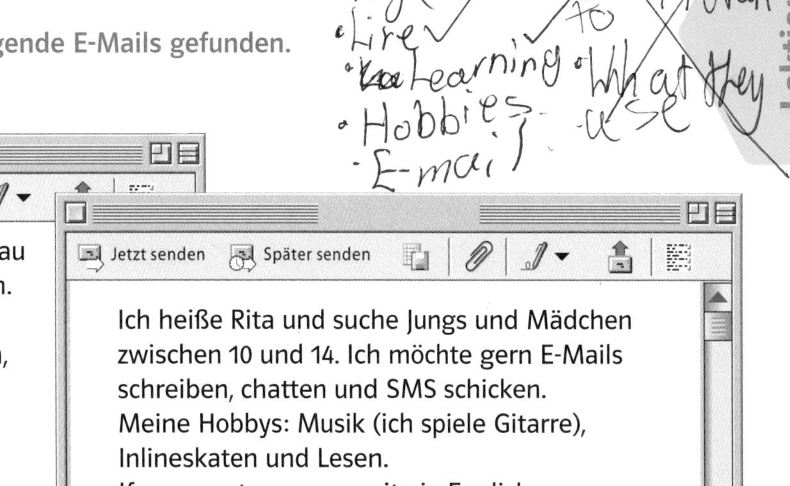

10 **Beim Surfen im Internet hast du folgende E-Mails gefunden. Schreib eine ähnliche E-Mail.**

Jetzt senden | Später senden

Hallo! Ich, Marek, 13, wohne in Warschau (Polen) und lerne seit 2 Jahren Deutsch. Ich spreche natürlich auch Englisch. Meine Hobbys sind: im Internet surfen, Sport treiben und Musik hören. Wer schreibt mir eine E-Mail?
Meine E-Mail-Adresse: marek@free.pl

Jetzt senden | Später senden

Ich heiße Rita und suche Jungs und Mädchen zwischen 10 und 14. Ich möchte gern E-Mails schreiben, chatten und SMS schicken.
Meine Hobbys: Musik (ich spiele Gitarre), Inlineskaten und Lesen.
If you want, you can write in English.
ritamiller@t-online.de

Deine Anzeige:

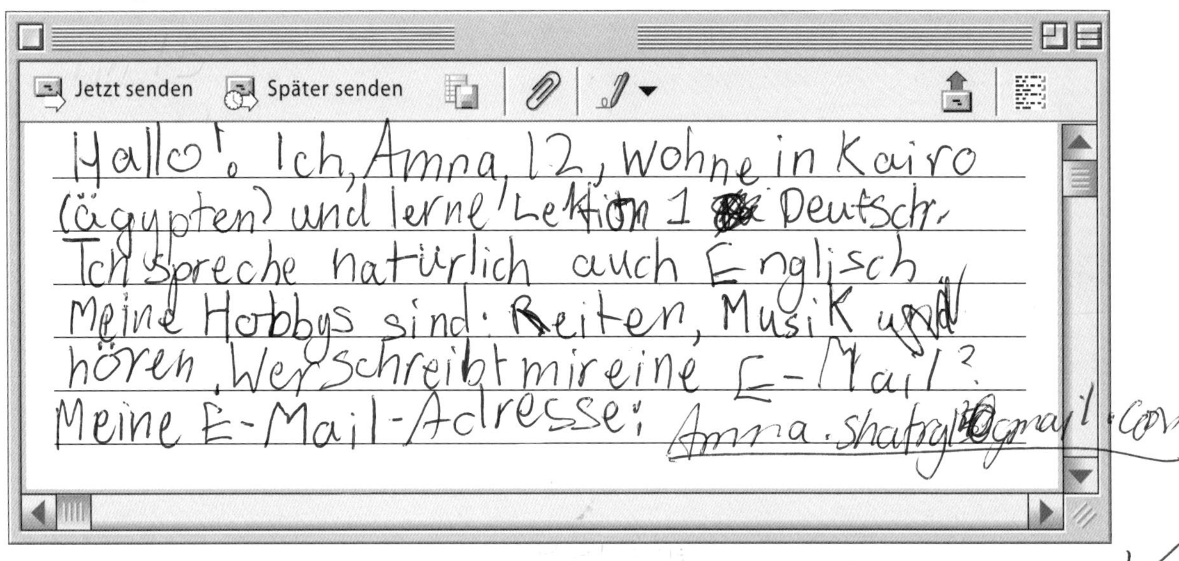

Familie und Freunde vorstellen; mit Erwachsenen sprechen

11 **Wie ist der deutsche Artikel? Und wie sagst du in deiner Sprache?**

______ Mutter: ____________________ ______ Vater: ____________________

______ Bruder: ____________________ ______ Schwester: ____________________

______ Opa: ____________________ ______ Oma: ____________________

______ Eltern: ____________________ ______ Großeltern: ____________________

______ Onkel: ____________________ ______ Tante: ____________________

12 Schreib die entsprechenden Verwandtschaftsbezeichnungen in die Tabelle. Vergiss den Artikel nicht.

Opa – Tante – Bruder – Cousin – Mutter – Oma – Schwester – Vater – Onkel – Cousine

Eltern	Großeltern	Geschwister	Verwandte

13 Stell die Familie Beckmann vor.

Personen:

Vater	(Klaus, 47)
Mutter	(Petra, 44)
Söhne	(Martin, 17; Andreas, 15)
Tochter	(Sophie, 12)
Großeltern	(Oma Elfriede, 76; Opa Fritz, 80)

Haustiere:

Katze	(Mautzi)
Hund	(Cäsar)

Wohnort: Pinneberg / Norddeutschland / Hamburg

Das ist Familie Beckmann.

____

____

____

14 Schau dir den Stammbaum an und finde heraus, wer gemeint ist.

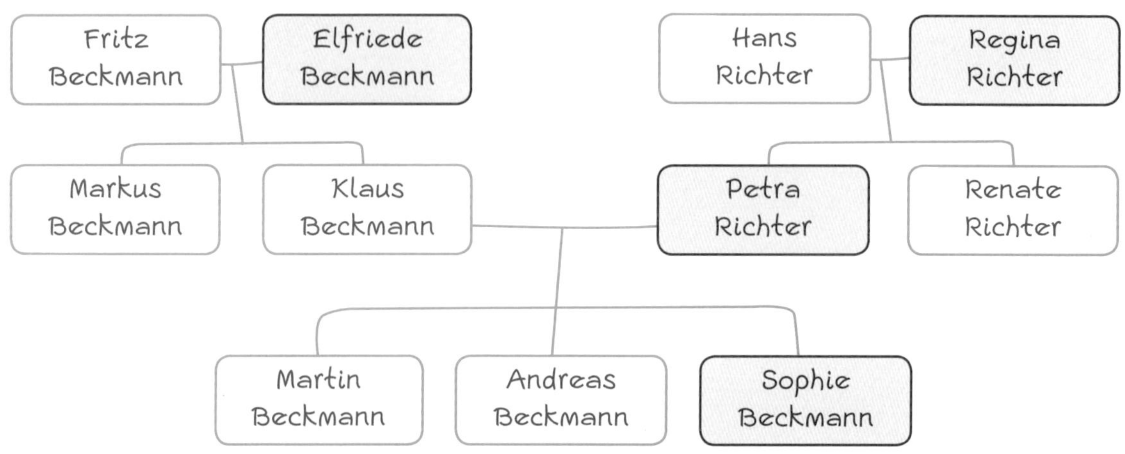

1. Sie ist die Mutter von Klaus Beckmann: ______________________
2. Er ist der Bruder von Klaus Beckmann: ______________________
3. Er ist der Opa von Sophie Beckmann: ______________________
4. Er ist der Sohn von Elfriede Beckmann: ______________________
5. Sie ist die Tante von Andreas Beckmann: ______________________
6. Er ist der Vater von Renate Richter: ______________________
7. Er ist der Onkel von Martin Beckmann: ______________________
8. Sie ist die Oma von Sophie Beckmann: ______________________
9. Sie ist die Schwester von Petra Richter: ______________________
10. Sie ist die Tochter von Petra Richter: ______________________

15 **Finde heraus, wer wie viele Geschwister hat.**

Lena hat einen Bruder.

____

____

____

16 Hast du Geschwister?

Und du? Wie viele Geschwister hast du? Oder bist du ein Einzelkind?

Also, ich ______________________

____

____

____

17 Lies den folgenden Text und beantworte die Fragen.

Familie Zidek

Das ist Familie Zidek. Herr und Frau Zidek sind verheiratet und haben zwei Töchter. Eine Tochter heißt Michaela und ist 14. Die andere Tochter heißt Melanie und ist zehn. Michaela und Melanie sind Schwestern. Die Zideks sind also vier Personen und sie haben auch einen Hund. Familie Zidek wohnt in Graz. Das liegt in Österreich. Herr Zidek ist Fotograf, Frau Zidek ist Lehrerin. Michaela geht aufs Gymnasium. Melanie geht noch in die Grundschule.

1. Wie viele Personen sind bei Familie Zidek zu Hause?

   ____

2. Wie heißen die Töchter? Wie alt sind sie?

   ____

3. Hat Familie Zidek Tiere zu Hause?

   ____

4. Wo wohnt Familie Zidek?

   ____

5. Was ist Herr Zidek von Beruf? Und Frau Zidek?

   ____

6. Was machen Michaela und Melanie?

   ____

18 Stell die folgenden Personen vor.

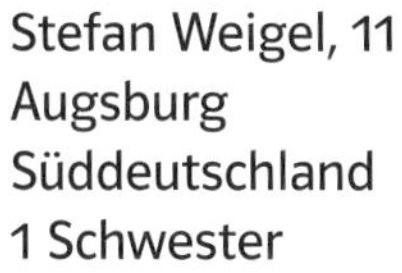

Stefan Weigel, 11 Augsburg Süddeutschland 1 Schwester	Angelika Meier, 12 Leipzig Ostdeutschland 1 Schwester, 1 Bruder	Markus Krause, 14 Salzburg Österreich 1 Schwester	Petra Will, 42 Bremen Norddeutschland 1 Sohn

Das ist Stefan Weigel. Er ist 11 Jahre alt. Er wohnt in Augsburg. Das liegt in Süddeutschland. Er hat eine Schwester.

Das ist Angelika.

19 Interview mit dem Schuldirektor. ▶02

Karin und Simon, die Verantwortlichen der Schülerzeitung, interviewen den Schuldirektor. Hör zu und mach Notizen.

Herr Kuppers,
wo wohnen Sie? Wie alt sind Sie?
Sind Sie verheiratet? Haben Sie Kinder?
Was sind Ihre Hobbys? Hören Sie gern Musik?
Haben Sie eine E-Mail-Adresse?

Wohnort:
Alter:
Verheiratet?
Kinder?
Hobbys:
Musik?
E-Mail:

20 Ein Artikel für die Schülerzeitung.

Karin und Simon schreiben nun den Artikel für die Schülerzeitung.

21 Verbinde die Fragen mit den passenden Antworten.

1. Wer sind Sie?
2. Sind Sie verheiratet?
3. Haben Sie Kinder?
4. Wie alt sind Sie?
5. Wo wohnen Sie?
6. Haben Sie eine E-Mail-Adresse?

a. Ich bin 37.
b. In Berlin.
c. Ich bin Herr Weiß.
d. Ja, ich bin verheiratet.
e. Natürlich habe ich eine E-Mail-Adresse.
f. Ja, einen Sohn.

22 Stell Fragen in der Höflichkeitsform.

1. ______? Ich heiße Peter Weigel.
2. ______? Ich bin Schuldirektor von der Goethe-Schule.
3. ______? In Hanau. Das liegt bei Frankfurt.
4. ______? Nein, ich bin aus Hamburg.
5. ______? Nein, ich bin Single.
6. ______? Ich spiele Tennis und höre klassische Musik.

23 **Hör das Interview an und ergänze den Steckbrief.** ▶ 03

Name: ______________________

Alter: ______________________

Wohnort: ______________________

Handy: ______________________

Beruf: ______________________

Familie: ______________________

Wo liegen die Städte?

24 **Schau auf der Karte, wo die Städte liegen und schreib dann Sätze wie im Beispiel.**

1. München
2. Berlin
3. Innsbruck
4. Frankfurt
5. Lugano
6. Wien
7. Zürich
8. Augsburg
9. Hamburg

a. in Mitteldeutschland

b. in Norddeutschland

c. in Österreich

d. in der Schweiz

e. in Süddeutschland

Frankfurt

München

Wien

München liegt in Süddeutschland.

____

25 Und wo liegen diese Städte?

1. Dresden
2. Konstanz
3. Flensburg
4. Aachen
5. Erfurt

a. Norddeutschland
b. Süddeutschland
c. Mitteldeutschland
d. Ostdeutschland
e. Westdeutschland

Flensburg
Aachen
Erfurt
Dresden
Konstanz

Dresden liegt in Ostdeutschland.

26 Antworte wie im Beispiel.

1. Liegt Hamburg in Norddeutschland? — Ja, Hamburg liegt in Norddeutschland.
2. Liegt Konstanz in Ostdeutschland? — Nein, Konstanz liegt in Süddeutschland.
3. Liegt München in Süddeutschland? ______
4. Liegt Zürich in Österreich? ______
5. Liegt Wien in Österreich? ______
6. Liegt Dresden in Westdeutschland? ______

27 Um welche Städte handelt es sich? Hör zu und schreib die Namen in die entsprechenden Lücken. ▶04

Frankfurt – Hamburg – Wien – Zürich – München – Berlin

1. ____________ 2. ____________ 3. ____________

4. ____________ 5. ____________ 6. ____________

28 Ordne die Autokennzeichen den entsprechenden Städten zu.

D

W 15 CGP

A

CH

M - FH 378
F - XR 899
B - PA 561
HH - NM 190
K - JT 299
D - ZU 364

I - 2987 G
W - 244 TL
S - 4890 L

ZH - 26778
BE - 78820

Frankfurt Innsbruck Hamburg Bern Berlin Köln
Wien München Düsseldorf Salzburg Zürich

29 Schreib kurze Dialoge.

Jakob, Augsburg,

Hanna, Hamburg,

Eva, Innsbruck,

Erik, Zürich,

Silke, Frankfurt,

1

- Jakob, wo wohnst du?
- Ich wohne in Augsburg.
- Und wo liegt das denn?
- In Süddeutschland!
- Wohnst du gern in Augsburg?
- Ja, ich wohne sehr gern dort.

2

3

4

5

Zählen

30 Schreib die Zahlen in Buchstaben.

6	______	11	______
15	______	12	______
4	______	14	______
40	______	35	______
64	______	83	______
110	______	222	______

31 Schreib die Zahlen in Ziffern.

sechsunddreißig	____	einhundertzwölf	____	siebzig	____
zweiundvierzig	____	fünfundachtzig	____	zweiundzwanzig	____
dreiundsechzig	____	siebenundachtzig	____	einhundertdreiundzwanzig	____

32 Hör zu und kreuz die Zahlen an. ▶05

33 Hör zu und kreuz die richtige Zahl an. ▶06

a.	12	20	22
b.	13	30	33
c.	14	40	44
d.	15	50	55
e.	16	60	66
f.	17	70	77
g.	18	80	88
h.	19	90	99

34 *-zehn* oder *-zig*? Ergänze.

15	fünf_____	50	fünf_____	14	vier _____
90	neun_____	70	sieb_____	13	drei _____
18	acht_____	19	neun_____	60	sech_____
16	sech_____	80	acht_____	17	sieb_____

35 Wie viel kostet das? ▶07

Situation 1:

- ⬡ € 13,20
- ⬡ € 20,30
- ⬡ € 30,20

Situation 2:

- ⬡ € 43,00
- ⬡ € 34,00
- ⬡ € 40,30

Situation 3:

- ⬡ € 150,00
- ⬡ € 115,00
- ⬡ € 105,00

Situation 4:

- ⬡ € 72,00
- ⬡ € 27,00
- ⬡ € 7,20

Situation 5:

- ⬡ € 25,00
- ⬡ € 20,50
- ⬡ € 52,00

36 Hör zu und schreib die Handynummern zu den entsprechenden Personen. ▶08

Wie ist die Handynummer von …?

Name: Michael Wickert
Handy: ______________________

Name: Martina Becker
Handy: ______________________

Name: Gabi Heller
Handy: ______________________

Name: Peter Müller
Handy: ______________________

37 Finde die versteckten Zahlen.

deschdreischckzehntüpzwanzigundßdänundreiundvierzigsönsktahundertiqwßzjneunzigläfiösfünfunddreißigajscvierundvierzigäickschsiebzehnkoaugzweihunderteinsdefraxisk …

____

____

____

Wir üben Grammatik

Verben: Präsens

38 Ergänze die Tabelle.

	wohnen	heißen	machen	spielen	sein
ich	______	______	______	______	______
du	______	______	______	______	______
er, sie, es	______	______	______	______	______
wir	______	______	______	______	______
ihr	______	______	______	______	______
sie, Sie	______	______	______	______	______

39 Das Verb *sein*. Ergänze.

1. Wir ______ drei Personen zu Hause.
2. Wer ______ du? Ich ______ Martin.
3. Die Weigels ______ die Eltern von Tina und Stefan.
4. Das ______ mein Bruder und das ______ meine Schwester.
5. Wie viele Personen ______ ihr zu Hause?
6. Entschuldigung, ______ Sie Frau Scholz? Nein, ich ______ Frau Schulz.

40 Das Verb *heißen*. Ergänze.

1. Mein Vater ______ Karl. Wie ______ dein Vater?
2. Ich ______ Georg. Mein Bruder ______ Alexander.
3. Entschuldigung, wie ______ Sie? Ich ______ Monika Kaiser.
4. Die Eltern von Tina und Stefan ______ Peter und Renate.
5. Wie ______ der Bruder von Tina? Er ______ Stefan.
6. Die Freunde von Tina und Stefan ______ Markus und Brigitte.

41 Das Verb *wohnen*. Ergänze.

1. Wir ______ in München. Wo ______ ihr?
2. Die Weigels ______ in Augsburg.
3. ______ du in Bonn? Nein, ich ______ in Berlin.
4. ______ ihr in Frankfurt? Ja, wir ______ in Frankfurt.
5. Meine Freunde ______ in Innsbruck.
6. Petra ______ in Wien, aber ihre Schwester ______ in Salzbzurg.

Personalpronomen

42 Ergänze die passenden Personalpronomen.

1. Peter ist der Bruder von Monika.
   ______ ist sympathisch.
2. Tina und Stefan sind Geschwister.
   ______ wohnen in Augsburg.
3. Herr Böhm, wohnen ______ in Bonn?
   Nein, ______ wohne in Berlin.
4. Du bist mein Bruder. ______ sind also Geschwister.
5. Meine Oma ist schon 80, aber ______ ist noch sehr aktiv.
6. Tina, wie viele seid ______ zu Hause?
   ______ sind vier Personen.
7. Herr und Frau Weigel sind die Eltern von Tina. ______ sind verheiratet.
8. Ich habe einen Bruder. ______ heißt Alexander.

43 Ersetze das Subjekt mit dem passenden Pronomen (*er*, *sie*).

1. Mein Vater (______) heißt Giovanni.
2. Meine Mutter (______) heißt Angela.
3. Meine Freunde (______) wohnen in Frankfurt.
4. Herr Meier (______) ist 44 Jahre alt.
5. Frau Schulz (______) ist Sekretärin.
6. Meine Eltern (______) sind autoritär.

44 *Er* oder *sie*? Verbinde die Namen mit den Pronomen.

Andreas Simone
Julia Jutta
ER SIE
Marcel Uwe
Andrea Gabriele Jonas

Fragesätze

45 Forme die Sätze in Fragesätze um.

1. Herr Meier wohnt in München.
   ____
2. Sie wohnen in Berlin.
   ____
3. Deine Schwester heißt Karin.
   ____
4. Dein Bruder ist verheiratet.
   ____
5. Tina ist die Schwester von Stefan.
   ____
6. Du hast einen Bruder.
   ____
7. Max ist Einzelkind.
   ____
8. Unser Deutschlehrer ist sympathisch.
   ____

46 Bilde Fragen mit *Wer?*, *Wie?* und *Wo?*

1. Das ist Thomas Weiß.
   ____
2. Graz liegt in Österreich.
   ____
3. Mein Bruder heißt Patrick.
   ____
4. Ich bin 13 Jahre alt.
   ____
5. Die Weigels wohnen in Augsburg.
   ____
6. Sylvia ist die Schwester von Susi.
   ____
7. Ich bin der Vater von Stefan.
   ____
8. Meine E-Mail-Adresse ist *timo@free.de*.
   ____

47 Stell die passenden Fragen.

1. ________________________________?
   Ich bin Lisa Neumann.
2. ________________________________?
   Nein, ich heiße Jakob.
3. ________________________________?
   Ja, ich bin der Bruder von Markus.
4. ________________________________?
   Er ist 15 Jahre alt.
5. ________________________________?
   Das ist mein Onkel Georg.
6. ________________________________?
   Wir wohnen in Frankfurt.
7. ________________________________?
   Wir sind fünf Personen zu Hause.
8. ________________________________?
   Nein, sie wohnt in Berlin.

49 Beantworte die Fragen.

1. Wie heißt dein Bruder?
   ____
2. Wer wohnt in Augsburg?
   ____
3. Wo wohnt Frau Weiß?
   ____
4. Wie alt bist du?
   ____
5. Hast du Geschwister?
   ____
6. Wie ist deine E-Mail-Adresse?
   ____
7. Ist dein Onkel verheiratet?
   ____
8. Wer heißt Klaus?
   ____

Aussagesätze

48 Bilde Sätze, die einen Sinn ergeben.

1. in, meine Freunde, München, wohnen
   ____
2. auch, in, wohne, ich, München
   ____
3. Thomas, mein, ist, das, Freund
   ____
4. Brigitte, die, von, Tina, ist, Freundin
   ____
5. zu Hause, Personen, wir, vier, sind
   ____
6. Freund, Stefan, von, der, Markus, heißt
   ____
7. Vater, 44, alt, ist, Jahre, mein
   ____
8. Hanau, Frankfurt, bei, liegt
   ____

Die Präpositionen *in, bei, von*

50 Ergänze die Präpositionen *in, bei, von*.

1. Ich wohne ________ Monza. Das liegt ________ Mailand.
2. Der Bruder ________ Karin heißt Felix.
3. Hamburg liegt ________ Norddeutschland.
4. Bist du der Freund ________ Anna?
5. Die Handynummer ________ Amelie ist 179/2965420.
6. Augsburg liegt ________ Süddeutschland, ________ München.
7. Wie heißen die Eltern ________ Tina?
8. Wohnst du vielleicht ________ München?

51 Beantworte die Fragen.

1. Wo wohnst du ?
   ____

2. Wo liegt Augsburg?

____

3. Wo liegt Graz?

____

4. Liegt Hanau bei Frankfurt?

____

5. Wer ist Stefan?

____

6. Ist Brigitte die Freundin von Tina?

____

Der bestimmte Artikel

52 *Der* oder *die*? Ergänze.

1. Das ist _______ Vater von Monika.
2. _______ Mutter von Markus heißt Klara.
3. Herr Weigel ist _______ Mann von Frau Weigel.
4. _______ Weigels wohnen in Augsburg.
5. _______ Eltern von Stefan sind sympathisch.
6. Ich bin _______ Bruder von Sarah.
7. Tina ist _______ Schwester von Stefan.
8. _______ Onkel von Patrick heißt Georg.

53 *Der* oder *die*? Ergänze.

1. Das ist _______ Opa von Martin.
2. Das sind _______ Großeltern von Stefan und Tobias.
3. Wie heißen _______ Geschwister von Julia?
4. _______ Bruder von Thomas ist sehr nett.
5. _______ Vater von Max ist sehr autoritär.
6. Ich bin _______ Freund von Timo.
7. Und ich bin _______ Freundin von Tina.
8. Wie heißt _______ Tante von Petra?

Der Possessiv-Artikel

54 *Mein, meine? Er, sie*? Ergänze.

1. _______ Vater heißt Klaus. _______ ist 45.
2. _______ Schwester heißt Claudia. _______ ist 17.
3. _______ Freundin heißt Laura. _______ ist 13.
4. _______ Bruder ist verheiratet. _______ wohnt in London.
5. _______ Oma ist 80. _______ ist noch sehr dynamisch.
6. _______ Eltern sind geschieden. _______ wohnen nicht mehr zusammen.

55 *Dein, deine? Er, sie*? Ergänze.

1. ● Heißt _______________ Mutter Julia?
   ● Nein, _______________ heißt Jutta.
2. ● Heißt _______________ Bruder Max?
   ● Nein, _______________ heißt Alex.
3. ● Heißt _______________ Schwester Anna?
   ● Nein, _______________ heißt Karin.
4. ● Heißt _______________ Onkel Franz?
   ● Nein, _______________ heißt Fritz.
5. ● Heißt _______________ Oma Helga?
   ● Nein, _______________ heißt Emma.
6. ● Heißt _______________ Vater Peter?
   ● Nein, _______________ heißt Paul.

Wir trainieren

56 Hör zu und antworte wie im Beispiel. ▶9–12

A

1. Wer ist das? Stefan?
2. Wer ist das? Tina?
3. Wer ist das? Herr Meier?
4. Wer ist das? Dein Vater?
5. Wer ist das? Deine Schwester?

Ja, das ist Stefan.

B

1. Wie alt bist du? 12?
2. Wie alt ist Patrick? 13?
3. Wie alt ist Herr Schulz? 38?
4. Wie alt ist deine Oma? 76?
5. Wie alt sind Sie, Herr Böhm? 34?

Ja, ich bin 12.

C

1. Hast du einen Bruder?
2. Hast du eine Schwester?
3. Hast du einen Onkel?
4. Hast du eine Tante?
5. Hast du einen Cousin?

Ja, ich habe einen Bruder.

D

Nein, ich wohne in München.

1. Wohnst du in Berlin? (München)
2. Wohnt Karl in Bonn? (Hamburg)
3. Wohnt Frau Weigel in München? (Augsburg)
4. Wohnen die Meiers in Köln? (Nürnberg)
5. Wohnt ihr in Mainz? (Frankfurt)

57 Hör zu und wiederhole die Sätze mit der richtigen Intonation. ▶13

Entschuldigung, wie heißt du?
Ich heiße Stefan Weigel.

Wie alt bist du?
Ich bin 11.

Hast du Geschwister?
Ja, ich habe eine Schwester.

Wo wohnst du?
Ich wohne in Augsburg.

Wo liegt das denn?
Das liegt in Süddeutschland.

Wir spielen

A. Memo-Spiel

Schneide die Kärtchen aus, leg sie umgekehrt auf den Tisch und finde die Paare. Viel Spaß!

Lektion 1 Wortschatz: Familie	Lektion 1 Wortschatz: Familie	Lektion 1 Wortschatz: Familie	Lektion 1 Wortschatz: Familie
Lektion 1 Wortschatz: Familie	Lektion 1 Wortschatz: Familie	Lektion 1 Wortschatz: Familie	Lektion 1 Wortschatz: Familie

Lektion 1 Wortschatz: Familie	Lektion 1 Wortschatz: Familie	Lektion 1 Wortschatz: Familie	Lektion 1 Wortschatz: Familie
Lektion 1 Wortschatz: Familie	Lektion 1 Wortschatz: Familie	Lektion 1 Wortschatz: Familie	Lektion 1 Wortschatz: Familie

B. Sätze bauen

Schneide die Kärtchen aus, mische sie und bau damit unterschiedliche Sätze.

Wo	Wie	Wer	Wie alt

lieg-t	wohn-st	wohn-t	wohn-en
heiß-t	heiß-en	bist	ist
sind			

Augsburg?	München?	die Weigels?	deine Eltern?
Herr Scholz?	wir?	du?	deine Tante?
Martina?	in Berlin?	in Köln?	deine Adresse?

Lektion 1 Grammatik: *Wo? Wie? Wer?*	Lektion 1 Grammatik: *Wo? Wie? Wer?*	Lektion 1 Grammatik: *Wo? Wie? Wer?*	Lektion 1 Grammatik: *Wo? Wie? Wer?*

Lektion 1 Grammatik: *Wo? Wie? Wer?*	Lektion 1 Grammatik: *Wo? Wie? Wer?*	Lektion 1 Grammatik: *Wo? Wie? Wer?*	Lektion 1 Grammatik: *Wo? Wie? Wer?*
Lektion 1 Grammatik: *Wo? Wie? Wer?*	Lektion 1 Grammatik: *Wo? Wie? Wer?*	Lektion 1 Grammatik: *Wo? Wie? Wer?*	Lektion 1 Grammatik: *Wo? Wie? Wer?*
			Lektion 1 Grammatik: *Wo? Wie? Wer?*

Lektion 1 Grammatik: *Wo? Wie? Wer?*	Lektion 1 Grammatik: *Wo? Wie? Wer?*	Lektion 1 Grammatik: *Wo? Wie? Wer?*	Lektion 1 Grammatik: *Wo? Wie? Wer?*
Lektion 1 Grammatik: *Wo? Wie? Wer?*	Lektion 1 Grammatik: *Wo? Wie? Wer?*	Lektion 1 Grammatik: *Wo? Wie? Wer?*	Lektion 1 Grammatik: *Wo? Wie? Wer?*
Lektion 1 Grammatik: *Wo? Wie? Wer?*	Lektion 1 Grammatik: *Wo? Wie? Wer?*	Lektion 1 Grammatik: *Wo? Wie? Wer?*	Lektion 1 Grammatik: *Wo? Wie? Wer?*

C. Sätze bauen

Schneide die Kärtchen aus, mische sie und bau damit unterschiedliche Sätze.

Ich	Mein Vater	Frau Weigel	Meine Freunde
Wir	Meine Geschwister	Hamburg	Rom

wohn-e	wohn-t	wohn-en	lieg-t
heiß-e	heiß-t	heiß-en	bin
ist	sind		

in Deutschland.	in Italien.	in Augsburg.	Tobias.
Timo und Tina.	12 Jahre alt.	39 Jahre alt.	verheiratet.
sympathisch.	Julia.	nett.	doof.

Lektion 1 Grammatik: *Aussagesätze*	Lektion 1 Grammatik: *Aussagesätze*	Lektion 1 Grammatik: *Aussagesätze*	Lektion 1 Grammatik: *Aussagesätze*
Lektion 1 Grammatik: *Aussagesätze*	Lektion 1 Grammatik: *Aussagesätze*	Lektion 1 Grammatik: *Aussagesätze*	Lektion 1 Grammatik: *Aussagesätze*

Lektion 1 Grammatik: *Aussagesätze*	Lektion 1 Grammatik: *Aussagesätze*	Lektion 1 Grammatik: *Aussagesätze*	Lektion 1 Grammatik: *Aussagesätze*
Lektion 1 Grammatik: *Aussagesätze*	Lektion 1 Grammatik: *Aussagesätze*	Lektion 1 Grammatik: *Aussagesätze*	Lektion 1 Grammatik: *Aussagesätze*
		Lektion 1 Grammatik: *Aussagesätze*	Lektion 1 Grammatik: *Aussagesätze*

Lektion 1 Grammatik: *Aussagesätze*	Lektion 1 Grammatik: *Aussagesätze*	Lektion 1 Grammatik: *Aussagesätze*	Lektion 1 Grammatik: *Aussagesätze*
Lektion 1 Grammatik: *Aussagesätze*	Lektion 1 Grammatik: *Aussagesätze*	Lektion 1 Grammatik: *Aussagesätze*	Lektion 1 Grammatik: *Aussagesätze*
Lektion 1 Grammatik: *Aussagesätze*	Lektion 1 Grammatik: *Aussagesätze*	Lektion 1 Grammatik: *Aussagesätze*	Lektion 1 Grammatik: *Aussagesätze*

D. Silbenrätsel

Schneide die Kärtchen aus und setze die Silben zu Wörtern zusammen.

Ein-	-hei-	-schwi-	-nen
Ge-	Toch-	-der	-kind
Bru-	Adres-	-wei-	-ratet
El-	woh-	-stig	-ster
ver-	-se	-ter	-tern
lang-	lu-	-zel-	-lig

Lektion 1 Silbenrätsel	Lektion 1 Silbenrätsel	Lektion 1 Silbenrätsel	Lektion 1 Silbenrätsel
Lektion 1 Silbenrätsel	Lektion 1 Silbenrätsel	Lektion 1 Silbenrätsel	Lektion 1 Silbenrätsel
Lektion 1 Silbenrätsel	Lektion 1 Silbenrätsel	Lektion 1 Silbenrätsel	Lektion 1 Silbenrätsel
Lektion 1 Silbenrätsel	Lektion 1 Silbenrätsel	Lektion 1 Silbenrätsel	Lektion 1 Silbenrätsel
Lektion 1 Silbenrätsel	Lektion 1 Silbenrätsel	Lektion 1 Silbenrätsel	Lektion 1 Silbenrätsel
Lektion 1 Silbenrätsel	Lektion 1 Silbenrätsel	Lektion 1 Silbenrätsel	Lektion 1 Silbenrätsel

Lektion 2

Modul 2

So wohne ich

Wir kommunizieren

Was ist was?

1 **Ordne die Gegenstände den richtigen Zahlen zu.**

der Stuhl – der CD-Player – der Tisch – das Bücherregal – das Sofa – die Lampe – der Fernseher – die Vase – der Teppich – das Bild

Nr. 1: der Tisch

Nr. 2: ____________

Nr. 3: ____________

Nr. 4: ____________

Nr. 5: ____________

Nr. 6: ____________

Nr. 7: ____________

Nr. 8: ____________

Nr. 9: ____________

Nr. 10: ____________

2 Antworte mit *nein* und *kein* wie im Beispiel.

1. Ist das ein Schrank?

   Nein, das ist kein Schrank. Das ist ein Bücherregal.

2. Ist das ein Sofa?

   ____

3. Ist das ein Fernseher?

   ____

4. Ist das ein Tisch?

   ____

5. Ist das eine Vase?

   ____

6. Ist das ein CD-Player?

   ____

3 Verbinde die Gegenstände mit ihren Pronomen.

der Tisch	ER	das Bett
die Küche		der Garten
das Sofa	SIE	die Vase
der Fernseher		das Bild
die Dusche	ES	das Wohnzimmer
der Stuhl		das Bücherregal

Die eigene Wohnung: Zimmer beschreiben

4 **Kreuz an und schreib einen kurzen Text.**

Wo wohnst du?

Ich wohne ...

- ◯ in einer Wohnung.
- ◯ in einem Reihenhaus.
- ◯ in einem Einfamilienhaus.
- ◯ in einer Villa.

Meine Wohnung / Mein Haus / Meine Villa liegt ...

- ◯ im Zentrum.
- ◯ am Stadtrand.
- ◯ auf dem Land.

Meine Wohnung / Mein Haus / Meine Villa ist ...

- ◯ klein.
- ◯ groß.
- ◯ schön.
- ◯ gemütlich.
- ◯ neu.
- ◯ alt.

Meine Wohnung / Mein Haus / Meine Villa hat ...

- ◯ 2, 3, 4 ... Zimmer.
- ◯ einen Balkon.
- ◯ eine Terrasse.
- ◯ einen Garten.
- ◯ einen Park.

Meine Wohnung / Mein Haus / Meine Villa ...

- ◯ gefällt mir.
- ◯ gefällt mir nicht so sehr.
- ◯ finde ich super.
- ◯ finde ich nicht so schön.

Ich wohne ______________________________

____

____

____

____

____

5 Hör zu, verbinde die passenden Teile und bilde dann Sätze wie im Beispiel. ▶14

das Bad	gemütlich	Das Bad ist nicht sehr groß.
der Garten	klein	
die Küche	praktisch	
das Arbeitszimmer	groß	
das Schlafzimmer	nützlich	
das Wohnzimmer	nicht sehr groß	
der Abstellraum	sehr schön	

6 Bilde kurze Dialoge mit den Wörtern aus Übung 5.

- Wie ist das Bad?
- Es ist nicht sehr groß.
-
-
-
-
-
-
-
-
-
-

7 Beantworte die Fragen mit den vorgegebenen Adjektiven.

schön – modern – toll – hell – wunderschön – fantastisch – gemütlich – praktisch – klein – groß

1. Wie findest du meine Wohnung? Ich finde deine Wohnung wunderschön.
2. Wie findest du meinen Garten? ____
3. Wie findest du meine Küche? ____
4. Wie findest du mein Wohnzimmer? ____
5. Wie findest du meinen Computer? ____
6. Wie findest du mein Sofa? ____
7. Wie findest du meinen Schreibtisch? ____
8. Wie findest du meine Lampe? ____

8 Lies Patricks Beschreibung von seinem Zimmer und mach dann die Übungen.

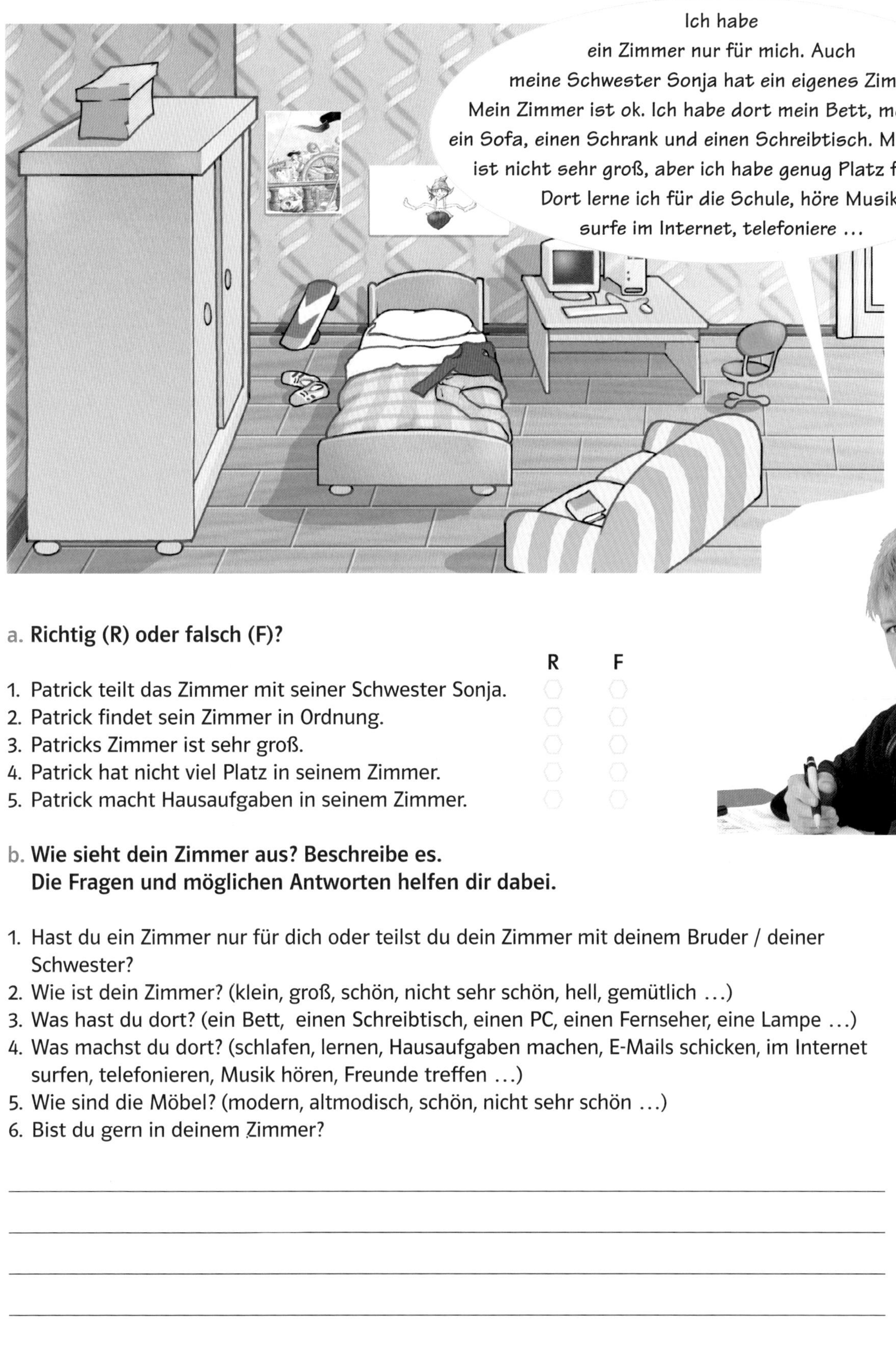

a. **Richtig (R) oder falsch (F)?**

	R	F
1. Patrick teilt das Zimmer mit seiner Schwester Sonja.	◯	◯
2. Patrick findet sein Zimmer in Ordnung.	◯	◯
3. Patricks Zimmer ist sehr groß.	◯	◯
4. Patrick hat nicht viel Platz in seinem Zimmer.	◯	◯
5. Patrick macht Hausaufgaben in seinem Zimmer.	◯	◯

b. **Wie sieht dein Zimmer aus? Beschreibe es.**
Die Fragen und möglichen Antworten helfen dir dabei.

1. Hast du ein Zimmer nur für dich oder teilst du dein Zimmer mit deinem Bruder / deiner Schwester?
2. Wie ist dein Zimmer? (klein, groß, schön, nicht sehr schön, hell, gemütlich …)
3. Was hast du dort? (ein Bett, einen Schreibtisch, einen PC, einen Fernseher, eine Lampe …)
4. Was machst du dort? (schlafen, lernen, Hausaufgaben machen, E-Mails schicken, im Internet surfen, telefonieren, Musik hören, Freunde treffen …)
5. Wie sind die Möbel? (modern, altmodisch, schön, nicht sehr schön …)
6. Bist du gern in deinem Zimmer?

____

____

____

____

____

____

9 Tinas Zimmer. Ergänze die fehlenden Wörter.

Schule – gefällt – Computer – Kleiderschrank – viele E-Mails – bequem – Hausaufgaben – liebe – surfe – Schrank

Mein Zimmer ______________________ mir sehr gut. Ich bin gern hier. Hier mache ich meine ______________________, lerne für die ______________________, höre Musik, lese usw. Ich habe auch einen ______________________ mit Internetanschluss. Ich ______________________ im Internet und schicke meinen Freunden und Freundinnen ______________________.
Ich habe einen ______________________. Der ist aber viel zu klein. Meine Mutter sagt aber, der ______________________ ist ok. Ich habe einfach zu viele Kleider.
Ich ______________________ mein Bett! Es ist groß und sehr ______________________.

10 Hör zu, prüfe nach und wiederhole. ▶15

11 Herr Schwarz sucht eine neue Wohnung und geht in ein Maklerbüro. Hör den Dialog an und hilf der Angestellten, das Formular auszufüllen. ▶16

IMMO FRANZ

FRANZ Immobilien AG
Königstraße 46 // 70173 Stuttgart
Tel. + Fax: 0711-2227860 // franzag@free.com

Kunde:
Vorname/Name: ______________________
Adresse: ______________________
Telefon/Handy ______________________

Haustyp:
Reihenhaus
Einfamilienhaus
Wohnung in einem Wohnblock zw. Hochhaus
Villa

Anzahl der Zimmer: ______________

Küche
Wohnzimmer
Arbeitszimmer
Schlafzimmer (______________)
Hobbyraum
Bad/Toilette (______________)
Garten
Garage
Balkon/Terrasse

Miete/Monat (maximal): Euro ______________

Etwas zu trinken anbieten

12 **Biete den verschiedenen Personen etwas zu trinken an.**

Herr Weigel, was möchten Sie trinken?
Eine Tasse Kaffee?

Stefan, ______

Herr Meier, ______

Frau Klein, ______

Martina, ______

Herr Weiß, ______

13 **Schreibe kurze Dialoge.**

- Trinkst du ein Glas Mineralwasser?
- Nein, ich trinke lieber eine Dose Cola.
- ______
- ______
- ______
- ______
- ______
- ______
- ______
- ______

14 Ergänze den Dialog.

- Guten ______________________, Herr Becker. Wie ______________________ Ihnen?
- Gut, ______________________. Und Ihnen?
- Auch gut. Herr Becker, ______________________ etwas trinken?
- Ja, ______________________. Eine Tasse Kaffee, bitte.

15 Welches Wort passt nicht?

ein Glas

Wasser
Apfelsaft
Kaffee

eine Tasse

Tee
Kaffee
Bier

eine Flasche

Bier
Schokolade
Wein

eine Dose

Cola
Bier
Wein

16 Verbinde die Fragen mit den passenden Antworten.

1. Ein Glas Mineralwasser?
2. Was trinken Sie? Ein Glas Wein?
3. Möchtest du einen Apfelsaft?
4. Wie geht's dir, Markus?
5. Was möchtest du trinken?
6. Geht's Ihnen gut, Herr Kohl?

a. Ich möchte eine Cola, bitte.
b. Nein, ich möchte lieber eine Limonade.
c. Ja, mir geht's sehr gut.
d. Nein, danke, ich trinke keinen Alkohol.
e. Ja, ein Glas Wasser trinke ich gern.
f. Gut, danke.

Haustiere

17 Was sagen Tina und Brigitte?

18 Bilde Sätze, die einen Sinn ergeben.

Ich Rita Meine Freunde Du Wir	hat hast haben habe	einen eine ein zwei/drei …	Hund Goldfische Pferd Hamster Katze Kanarienvögel Kaninchen Kanarienvogel Katzen Hunde Maus	und …

19 Finde heraus, wer welches Tier besitzt, und beantworte die Fragen wie im Beispiel.

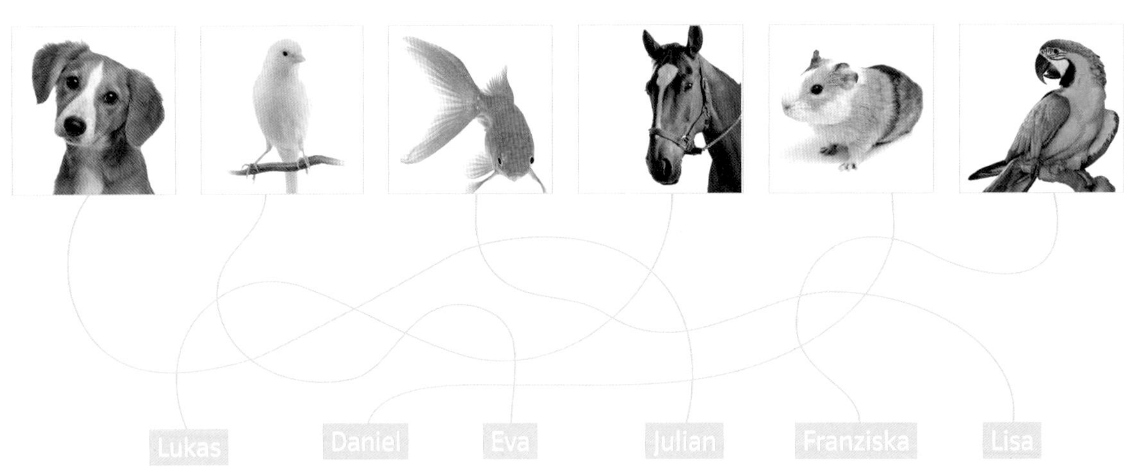

1. Hat Eva einen Kanarienvogel? — *Ja, sie hat einen Kanarienvogel.* / *Nein, sie hat keinen Kanarienvogel. Sie hat ein ...*
2. Hat Lukas ein Pferd? ______________________
3. Hat Daniel einen Papagei? ______________________
4. Hat Julian einen Hund? ______________________
5. Hat Franziska einen Hamster? ______________________
6. Hat Lisa einen Goldfisch? ______________________

20 Melanie erzählt von ihrem Hund. Lies und mach dann die Übungen.

Ich heiße Melanie und bin 15. Ich mag Tiere sehr. Ich habe einen Hund. Er heißt Wolfi. Wolfi ist zwei Jahre alt. Ich spiele jeden Tag mit ihm. Wolfi mag Würste.

a. **Ergänze.**

Melanie ist ________ Jahre alt. Sie liebt ________ . Sie hat ________ ________ . Er heißt ________ und ist ________ Jahre alt. Melanie und ________ spielen jeden Tag zusammen. Wolfi ________ Würste.

b. **Stelle nach dem Muster von oben kurz ein anderes Haustier vor.**

____

____

____

____

21 Antworte wie im Beispiel.

1. Hast du einen Hund? Einen Hund? Ich habe viele Hunde!
2. Hast du eine Katze? ______
3. Hast du einen Goldfisch? ______
4. Hast du einen Hamster? ______
5. Hast du ein Kaninchen? ______
6. Hast du einen Kanarienvogel? ______
7. Hast du eine Schildkröte? ______
8. Hast du ein Pferd? ______

Nach der Herkunft fragen

22 Verbinde Land, Sprache und Hauptstadt und schreib Sätze wie im Beispiel.

Land	Sprache	Hauptstadt
Italien		Berlin
Frankreich	Deutsch	Wien
Österreich	Polnisch	Bern
England	Arabisch	London
Spanien	Italienisch	Rom
Deutschland	Englisch	Rabat
Schweiz	Französisch	Warschau
Polen	Spanisch	Paris
Marokko		Madrid

In Österreich spricht man Deutsch. Die Hauptstadt von Österreich ist Wien.

______

______

______

______

______

______

______

______

23 Woher kommen die Schülerinnen und Schüler?

John kommt aus England. Miyuki

24 Frag und antworte wie im Beispiel.

- Woher kommt John? — Er kommt aus England.
- Was spricht er? — Er spricht Englisch.

25 **Bilde Sätze, die einen Sinn ergeben.**

François Bardot					
Michael Schuster		der Schweiz.			
Charles Prince		Italien.			Italienisch.
		England.			Französisch.
Laura Caruso	kommt aus	Frankreich.	Er Sie	spricht	Deutsch.
		Spanien.			Spanisch.
Heidi Egli		den USA.			Englisch.
Julia Washington		Deutschland.			
Antonio Bandas					

François Bardot kommt aus Frankreich. Er spricht Französisch.

26 **Verbinde die Personen mit ihrer Nationalität. Schreib Sätze wie im Beispiel.**

Herr Bardot		Deutscher.	
Herr Schuster		Amerikanerin.	
Herr Prince	ist	Spanier.	
Frau Caruso		Italienerin.	
Frau Egli		Franzose.	Herr Bardot ist Franzose.
Frau Washington		Schweizerin.	
Herr Bandas		Engländer.	

27 Ergänze den Dialog.

wo liegt
wo woher
Türkisch
sprichst

komme
wohnt Türkei
spreche
liegt

- Hallo Efer! ______________________ kommst du?
- Ich ______________________ aus Denizli.
- Denizli? ______________________ denn das?
- Das ______________________ in der Türkei.
- Efer, sprichst du ______________________ ?
- Klar, aber ich ______________________ auch Deutsch.
- Ja, du ______________________ sehr gut Deutsch.
  Efer, ______________________ wohnen deine Eltern?
- Mein Vater ______________________ hier in Deutschland.
  Meine Mutter wohnt aber in der ______________________ .

28 Hör die Interviews an und ergänze die Tabelle. ▶ 17

Name:			
Herkunft:			
Wohnort:			
Sprachen:			

29 Ergänze den Dialog.

- ______________________________?
- Ja, ich bin Herr Dupont.
- ______________________________?
- Ja, ich komme aus Frankreich.
- ______________________________?
- Nein, ich wohne nicht in Paris.
- ______________________________?
- Ich wohne in Marseille.
- ______________________________?
- Natürlich spreche ich Französisch.
- ______________________________?
- Ja, ich bin verheiratet.
- ______________________________?
- Nein, meine Frau kommt aus Deutschland, aus Freiburg.
- ______________________________?
- Ja, wir haben zwei Kinder.
- ______________________________?
- Natürlich! Sie sind zweisprachig.

30 Die Quizshow. ▶ 18

Die Moderatorin von *Wer wird Millionär?* interviewt einen Kandidaten. Hör zu und ergänze.

Der Mann heißt ______________________________

und kommt aus ______________________________.

Er wohnt in ______________________________.

Er arbeitet als ______________________________.

Seine Frau kommt aus ______________________________.

Er hat eine ______________________________.

Sie heißt ______________________________.

Sie spricht ______________________________.

Wir üben Grammatik

Verben: Präsens

31 Ergänze die Tabelle.

	sprechen	haben	kommen	trinken
ich	___	___	___	___
du	___	___	___	___
er, sie, es	___	___	___	___
wir	___	___	___	___
ihr	___	___	___	___
sie, Sie	___	___	___	___

32 Das Verb *sprechen*. Ergänze.

1. Luca kommt aus Italien. Er ___ Italienisch.
2. Ich ___ perfekt Englisch. Meine Mutter ist Engländerin.
3. Thomas, Max, ___ ihr Spanisch? Nein, aber wir ___ Englisch und ein bisschen Französisch.
4. Frau Hoffmann, ___ Sie Englisch?
5. Hanna und Tina lernen schon drei Jahre Russisch. Sie ___ gut Russisch.
6. Was ___ du? Ich ___ Italienisch, Englisch und ein bisschen Deutsch.
7. Wer ___ Japanisch? Niemand ___ Japanisch.

33 Das Verb *haben*. Ergänze.

1. ___ du Geschwister? Ja, ich ___ einen Bruder.
2. Daniel ___ einen Hund und zwei Goldfische.
3. Petra, Claudia, ___ ihr Haustiere? Nein, wir ___ leider keine.
4. Wer ___ ein Pferd? Florian. Er ___ sogar zwei Pferde.
5. Herr Lehmann, ___ Sie Kinder? Ja, ich ___ einen Sohn.
6. Lara, ___ du einen Freund? Ich ___ viele Freunde!
7. Wie viele Tanten ___ du? Ich ___ nur eine Tante.
8. Frau Müller, Sie ___ eine Tochter, nicht wahr?

34 Das Verb *trinken*. Ergänze.

1. Herr Seidel, ______________ Sie eine Tasse Kaffee? Ja, eine Tasse Kaffee ______________ ich immer gern.
2. Was ______________ der Opa? Er ______________ ein Bier.
3. Was ______________ wir? Cola, Mineralwasser oder Apfelsaft?
4. Ich ______________ einen Apfelsaft. ______________ du auch einen Apfelsaft?
5. ______________ ihr ein Glas Chianti? Nein, danke, wir ______________ keinen Alkohol.
6. Oma, ______________ du einen Kamillentee? Einen Kamillentee? Nein, danke. Ich ______________ ein Gläschen Whisky.

Das Verb *mögen*

35 Ergänze die Tabelle.

	mögen
ich	______________
du	______________
er, sie, es	______________
wir	______________
ihr	______________
sie, Sie	______________

36 Das Verb *mögen*. Ergänze.

1. ______________ du Tiere? Ja, ich ______________ Tiere sehr.
2. Mein Hund ______________ Würste sehr.
3. Meine Eltern ______________ keine Haustiere. Deshalb habe ich keine!
4. Wir Kinder ______________ keinen Salat und keine Karotten.
5. Unsere Katze Ikarus ______________ Milch sehr.
6. Frau Neumann, ______________ Sie Hunde? Natürlich, ich ______________ Hunde sehr!

Die Form *möchte(n)*

37 Ergänze die Tabelle.

	möchte(n)
ich	______________
du	______________
er, sie, es	______________
wir	______________
ihr	______________
sie, Sie	______________

38 Die Form *möchte(n)*. Ergänze.

1. Frau Weigel, was ______________ Sie trinken?
2. Ich ______________ eine Tasse Kaffee.
3. Und du, Julia? Was ______________ du?
4. Ich ______________ einen Apfelsaft, bitte.
5. Max, Alex, was ______________ ihr trinken?
6. Wir ______________ gern Cola oder Mineralwasser, bitte.
7. Was ______________ Tobias? Er ______________ eine Cola.
8. ______________ ihr etwas trinken? Nein danke, wir haben keinen Durst.

Die Fragewörter *Wer? Was?*

39 *Wer?* oder *Was?* Ergänze.

1. ________ trinkst du?
2. ________ spricht man in der Schweiz?
3. ________ ist dein Bruder?
4. ________ wohnt in Augsburg?
5. ________ spricht Stefan?
6. ________ kommt aus Italien?

40 Bilde die passenden Fragen.

1. ______________________________?
   Ich trinke *nichts*, danke.
2. ______________________________?
   Die Weigels wohnen in Augsburg.
3. ______________________________?
   Fatima kommt aus Istanbul.
4. ______________________________?
   Meine Katze mag *Milch* sehr.
5. ______________________________?
   Florian spricht Russisch.
6. ______________________________?
   Er spricht *Deutsch und Englisch.*

Der bestimmte und unbestimmte Artikel

41 *Der, die* oder *das*? Ergänze.

1. ________ Wohnzimmer ist gemütlich.
2. ________ Bett ist sehr bequem.
3. ________ Bad ist klein.
4. ________ Computer ist wirklich toll.
5. ________ Vase kommt aus Marokko.
6. ________ Fernseher ist leider kaputt.
7. ________ Schrank ist modern.
8. ________ Lampe ist altmodisch.

42 Bestimmter oder unbestimmter Artikel? Ergänze.

1. Das ist ________ Sofa von IDEA.
   ________ Sofa ist sehr bequem.
2. Das ist ________ PC von TECHNO.
   ________ PC hat 256 MB RAM.
3. Das ist ________ Lampe von NETTY.
   ________ Lampe ist modern.
4. Das ist ________ Bild von Picasso.
   ________ Bild ist sehr originell.
5. Das ist ________ Vase von PRIXA.
   ________ Vase kostet nur €19.
6. Das ist ________ Küche von PRATIKA.
   ________ Küche ist sehr praktisch.
7. Das ist ________ Tisch von ILEA.
   ________ Tisch ist groß.
8. Das ist ________ Handy von KONYA.
   ________ Handy kostet nur €99.

Die Form *Wie geht's?* und die Personalpronomen *mir, dir, Ihnen*

43 Ergänze: *Wie geht's dir?* oder *Wie geht's Ihnen*?

1. Hallo, Jakob!
   ____
2. Guten Tag, Herr Lange!
   ____
3. Tag, Susi!
   ____
4. Grüß dich, Andreas!
   ____
5. Guten Morgen, Herr Direktor!
   ____
6. Grüß Gott, Frau Meier!
   ____

44 Ergänze: *mir, dir* oder *Ihnen*?

1. Stefan, wie geht's _________ ?
2. Heute geht's _________ nicht so gut. Ich habe Kopfschmerzen.
3. Frau Bauer, wie geht's _________ ?
4. Guten Morgen, Herr Wolf. Wie geht's _________ heute?
5. Mutti, es geht _________ so schlecht. Ich gehe ins Bett.
6. Karin, wie geht's _________ ? Hoffentlich besser.

Das Akkusativ-Objekt

45 Ergänze: *einen, eine, ein*?

1. Hast du _________ Hund?
2. Ich habe _________ Maus.
3. Peter hat _________ Katze und _________ Goldfisch.
4. Tina möchte gern _______ Hamster haben.
5. Was? Du hast _________ Pferd? Ja, und ich habe auch _________ Kuh.
6. Ich mag Vögel. Ich habe _________ Kanarienvogel und _________ Papagei.

46 Ergänze: *einen, eine, ein*?

1. Trinkst du _________ Tasse Kaffee? Nein, danke, lieber ________ Glas Wasser.
2. Ich trinke _________ Bier. Du auch? Nein, ich trinke _________ Apfelsaft.
3. Die Oma trinkt _________ Kamillentee.
4. Der Opa trinkt ________ Gläschen Whisky.
5. Ich kaufe _________ Flasche Mineralwasser und _________ Dose Cola.
6. Möchtest du ________ Tasse Tee? Ja, gern.

47 Ergänze: *einen, eine, ein*?

1. Das Sofa von IDEA ist sehr bequem. Ich möchte auch so _________ Sofa.
2. Der PC von TECHNO hat 4 GB. Ich möchte auch so _________ PC.
3. Die Lampe von NETTY ist sehr modern. Ich möchte auch so _________ Lampe.
4. Das Bild von Picasso ist sehr originell. Ich möchte auch so _________ Bild.
5. Die Vase von PRIXA ist nicht teuer. Ich möchte auch so _________ Vase.
6. Die Küche von PRATIKA ist sehr praktisch. Ich möchte auch so _________ Küche.
7. Der Tisch von ILEA ist sehr groß. Ich möchte auch so _________ Tisch.
8. Das Handy von KONYA kostet nur €99. Ich möchte auch so _________ Handy.

48 Ergänze: *einen, eine, ein*?

1. Ich habe _________ Bruder.
2. Martina hat _________ Schwester.
3. Wir haben _________ Opa und _________ Oma.
4. Die Müllers haben ________ Kind.
5. Frau Hahn hat _________ Tochter und _________ Sohn.
6. Ich habe _________ Cousin.
7. Tina hat _________ Bruder, _________ Cousin und _________ Cousine.
8. Ich habe nur _________ Onkel.
9. Mein Bruder ist verheiratet und hat _________ Sohn.
10. Ich bin Einzelkind, aber ich möchte so gern _________ Schwester haben.

Die Fragewörter *Wo? Woher?* und die Präpositionen *in, aus*

49 *Wo?* oder *Woher?*

1. Ich wohne in Saarbrücken.
   Wo, bitte?
2. Francesco kommt aus Cuneo.
   ______________________ ?
3. Herr Sprüngli kommt aus Schwyz.
   ______________________ ?
4. Ich arbeite in Landshut.
   ______________________ ?
5. Wir wohnen in Schwerin.
   ______________________ ?
6. Frau Meier kommt aus Chemnitz.
   ______________________ ?
7. Die Zideks kommen aus Klagenfurt.
   ______________________ ?
8. Petra studiert in Halle.
   ______________________ ?

50 *Wo?* oder *Woher? In* oder *aus?* Ergänze.

1. ________ wohnst du?
   Ich wohne ________ Bonn.
2. ________ kommst du?
   Ich komme ________ Italien.
3. ________ kommt Herr Martinez?
   Er kommt ________ Spanien.
4. ________ wohnt Herr Martinez jetzt?
   Er wohnt ________ Augsburg.
5. ________ liegt Augsburg?
   Es liegt ________ Süddeutschland.
6. ________ kommen Ali und Fatima?
   Sie kommen ________ der Türkei.
7. ________ spricht man Italienisch?
   ______ Italien und ______ der Schweiz.
8. ______ kommen Sie, Herr Papadopulos?
   ______ Athen.

Die Negation: *nicht, kein*

51 Antworte mit Negation wie im Beispiel.

1. Wie ist der Computer? Toll?
   Nein, er ist nicht toll.
2. Wie ist das Sofa? Bequem?
   ____
3. Wie ist der Garten? Groß?
   ____
4. Wie ist die Lampe? Modern?
   ____
5. Wie ist der Stuhl? Schön?
   ____
6. Wie ist die Küche? Hell?
   ____
7. Wie ist das Bad? Klein?
   ____
8. Wie ist die Lampe? Altmodisch?
   ____

52 Antworte mit Negation wie im Beispiel.

1. Ist das ein Sofa?
   Nein, das ist kein Sofa.
2. Ist das ein Bett?
   ____
3. Ist das ein Hund?
   ____
4. Ist das ein Computer?
   ____
5. Ist das ein Stuhl?
   ____
6. Ist das eine Flasche?
   ____
7. Ist das ein Papagei?
   ____
8. Ist das eine Dusche?
   ____

53 Antworte mit Negation wie im Beispiel.

1. Hast du einen Bruder?
   Nein, ich habe keinen Bruder.
2. Hast du eine Cousine?
   ___
3. Hast du ein Pferd?
   ___
4. Hast du eine Schwester?
   ___
5. Hast du einen Freund?
   ___
6. Hast du einen Computer?
   ___
7. Hast du ein Handy?
   ___
8. Hast du ein Glas?
   ___
9. Hast du einen CD-Player?
   ___
10. Hast du ein Kaninchen?

54 Ergänze: *nicht* oder *kein, keine*?

1. Das ist ___ Schrank.
2. Das Wohnzimmer ist ___ sehr groß.
3. Die Küche ist ___ klein. Sie ist groß.
4. Nein, das ist ___ Lampe.
5. Der Abstellraum ist ___ sehr hell.
6. Was ist das? Ein Sofa? Nein, ___ Sofa.
7. Die Wohnung von Martina ist ___ sehr gemütlich.
8. Nein, danke, ich trinke ___ Bier.
9. Kaffee trinke ich ___ so gern.
10. Das ist ___ Laptop.

Die Inversion

55 Ergänze die Sätze wie im Beispiel.

1. Man spricht Deutsch in der Schweiz.
   In der Schweiz spricht man Deutsch.
2. Die Weigels wohnen in Augsburg.
   In Augsburg ___
3. Pedro kommt aus Spanien.
   Aus Spanien ___
4. Es geht mir nicht so gut.
   Mir ___
5. Ich möchte in Deutschland leben.
   In Deutschland ___
6. Die Meiers haben zwei Kinder.
   Zwei Kinder ___
7. Herr Rossi spricht Italienisch.
   Italienisch ___
8. Ich habe vier Brüder.
   Vier Brüder ___

56 Beantworte die Fragen wie im Beispiel.

1. Wohnst du in München?
   Ja, in München wohne ich.
2. Wohnt Tina in Augsburg?
   Ja, ___
3. Kommt Herr Mancuso aus Neapel?
   Ja, ___
4. Arbeitet dein Vater in Mailand?
   Ja, ___
5. Kommst du aus Italien?
   Ja, ___
6. Geht's dir gut?
   Ja, ___
7. Trinkst du gern einen Kaffee?
   Ja, ___
8. Magst du Tiere?
   Ja, ___

Wir trainieren

57 Hör zu und antworte wie im Beispiel. ▶19 – 22

A
1. Was ist das? Ein Schrank?
2. Was ist das? Ein Sofa?
3. Was ist das? Eine Lampe?
4. Was ist das? Ein Computer?
5. Was ist das? Ein Stuhl?

Nein, das ist kein Schrank!

B
1. Trinkst du eine Tasse Kaffee?
2. Trinken Sie ein Bier?
3. Trinkst du einen Apfelsaft?
4. Trinkst du ein Glas Wasser?
5. Trinken Sie eine Cola?

Ja, eine Tasse Kaffee trinke ich immer gern!

C
1. Hast du einen Hund?
2. Hast du eine Katze?
3. Hast du ein Pferd?
4. Hast du einen Hamster?
5. Hast du einen Goldfisch?

Nein, aber ich möchte so gern einen Hund haben!

D
1. Spricht man Deutsch in Deutschland?
2. Spricht man Englisch in England?
3. Spricht man Italienisch in Italien?
4. Spricht man Französisch in Frankreich?
5. Spricht man Türkisch in der Türkei?

Natürlich spricht man Deutsch in Deutschland!

58 Hör zu und wiederhole die Sätze mit der richtigen Intonation. ▶23

Wie ist das Wohnzimmer?
Es ist sehr gemütlich.

Trinkst du eine Cola?
Nein, danke. Ich trinke nichts.

Wie geht's dir?
Mir geht's sehr gut, danke!

Woher kommt Herr Martinez?
Er kommt aus Spanien.

Was spricht Herr Martinez?
Er spricht Spanisch.

Wir spielen

A. Memo-Spiel

Schneide die Kärtchen aus, leg sie umgekehrt auf den Tisch und finde die Paare. Viel Spaß!

Lektion 2 Wortschatz: Wohnung	Lektion 2 Wortschatz: Wohnung	Lektion 2 Wortschatz: Wohnung	Lektion 2 Wortschatz: Wohnung
Lektion 2 Wortschatz: Wohnung	Lektion 2 Wortschatz: Wohnung	Lektion 2 Wortschatz: Wohnung	Lektion 2 Wortschatz: Wohnung

B. Sätze bauen

Schneide die Kärtchen aus, mische sie und bau damit unterschiedliche Sätze.

Ich	Tobias	Wir	Die Weigels

trink-e	trink-t	trink-en	habe
hat	haben		

einen	eine	ein

Hund.	Kamillen-tee.	Pferd.	Maus.
Glas Wasser.	Apfelsaft.	Kaninchen.	Tasse Kaffee.

Lektion 2 Grammatik: Akkusativ	Lektion 2 Grammatik: Akkusativ	Lektion 2 Grammatik: Akkusativ	Lektion 2 Grammatik: Akkusativ
Lektion 2 Grammatik: Akkusativ	Lektion 2 Grammatik: Akkusativ	Lektion 2 Grammatik: Akkusativ	Lektion 2 Grammatik: Akkusativ
		Lektion 2 Grammatik: Akkusativ	Lektion 2 Grammatik: Akkusativ
	Lektion 2 Grammatik: Akkusativ	Lektion 2 Grammatik: Akkusativ	Lektion 2 Grammatik: Akkusativ
Lektion 2 Grammatik: Akkusativ	Lektion 2 Grammatik: Akkusativ	Lektion 2 Grammatik: Akkusativ	Lektion 2 Grammatik: Akkusativ
Lektion 2 Grammatik: Akkusativ	Lektion 2 Grammatik: Akkusativ	Lektion 2 Grammatik: Akkusativ	Lektion 2 Grammatik: Akkusativ

C. Sätze bauen

Schneide die Kärtchen aus, mische sie und bau damit unterschiedliche Sätze.

Wo	Woher	Was	
sprich-t	sprech-en	komm-t	komm-en
wohn-t	wohn-en		
man	die Tante	die Nachbarn	die Freunde
der Deutsch-lehrer	der Cousin		
von Stefan?	von Melanie?	Deutsch?	von Markus?
in Österreich?	Italienisch?	in Italien?	

Lektion 2
Grammatik:
Wo? Woher? Was?

Lektion 2
Grammatik:
Wo? Woher? Was?

Lektion 2
Grammatik:
Wo? Woher? Was?

Lektion 2
Grammatik:
Wo? Woher? Was?

Lektion 2
Grammatik:
Wo? Woher? Was?

Lektion 2
Grammatik:
Wo? Woher? Was?

Lektion 2
Grammatik:
Wo? Woher? Was?

Lektion 2
Grammatik:
Wo? Woher? Was?

Lektion 2
Grammatik:
Wo? Woher? Was?

Lektion 2
Grammatik:
Wo? Woher? Was?

Lektion 2
Grammatik:
Wo? Woher? Was?

Lektion 2
Grammatik:
Wo? Woher? Was?

Lektion 2
Grammatik:
Wo? Woher? Was?

Lektion 2
Grammatik:
Wo? Woher? Was?

Lektion 2
Grammatik:
Wo? Woher? Was?

Lektion 2
Grammatik:
Wo? Woher? Was?

Lektion 2
Grammatik:
Wo? Woher? Was?

Lektion 2
Grammatik:
Wo? Woher? Was?

Lektion 2
Grammatik:
Wo? Woher? Was?

Lektion 2
Grammatik:
Wo? Woher? Was?

Lektion 2
Grammatik:
Wo? Woher? Was?

Lektion 2
Grammatik:
Wo? Woher? Was?

D. Silbenrätsel

Schneide die Kärtchen aus und setze die Silben zu Wörtern zusammen.

Haus-	-gei	kom-	prak-
-mer	ge-	Bü-	-zim-
Schlaf-	-tisch	-tiere	Nach-
Wohn-	-cher-	-lich	-pa-
-müt-	-barn	-chen	spre-
-re-	-men	Pa-	-gal

Lektion 2 Silbenrätsel	Lektion 2 Silbenrätsel	Lektion 2 Silbenrätsel	Lektion 2 Silbenrätsel
Lektion 2 Silbenrätsel	Lektion 2 Silbenrätsel	Lektion 2 Silbenrätsel	Lektion 2 Silbenrätsel
Lektion 2 Silbenrätsel	Lektion 2 Silbenrätsel	Lektion 2 Silbenrätsel	Lektion 2 Silbenrätsel
Lektion 2 Silbenrätsel	Lektion 2 Silbenrätsel	Lektion 2 Silbenrätsel	Lektion 2 Silbenrätsel
Lektion 2 Silbenrätsel	Lektion 2 Silbenrätsel	Lektion 2 Silbenrätsel	Lektion 2 Silbenrätsel
Lektion 2 Silbenrätsel	Lektion 2 Silbenrätsel	Lektion 2 Silbenrätsel	Lektion 2 Silbenrätsel

Lektion 3

Modul 3

Mein Alltag

Wir kommunizieren

Essgewohnheiten, etwas zu essen und trinken anbieten

1 a. **Was gibt es zum Frühstück? Schreib die Buchstaben in die Kästchen.**

a. der Tee
b. das Brötchen
c. die Marmelade
d. der Honig
e. die Milch
f. die Butter
g. das Brot
h. der Kaffee
i. der Käse
j. der Orangensaft
k. das Ei
l. das Croissant
m. der Schinken

b. **Was fehlt?**

_______________________________________ fehlt.

2 Sortiere die Wörter aus Übung 1 in die Tabelle ein.

der	die	das

3 Bilde Sätze, die einen Sinn ergeben.

Zum Frühstück	isst trinkt esse trinke essen trinken	ich mein Bruder die Kinder der Opa Stefan und Tina Georg	einen eine ein —	Tasse Tee. Ei. Milchkaffee. Joghurt. Brötchen mit Marmelade. Kekse. Schinkenbrot. Espresso. Orangensaft. Cornflakes. Glas Milch. Croissant.

Zum Frühstück esse ich einen Joghurt.

4 Was essen und trinken die Kinder in der Pause?

Stefan

Markus

Tina

Brigitte

Sebastian

Thomas

Stefan isst einen Apfel. Markus

5 Verbinde die Fragen mit den passenden Antworten.

1. Möchtest du einen Schokoriegel?
2. Was trinkst du?
3. Was isst du in der Pause?
4. Eine Banane?
5. Hast du Durst?
6. Was möchtest du?

a. Einen Apfel.
b. Ich möchte ein Stück Kuchen.
c. Nein danke, keinen Schokoriegel.
d. Nein, ich habe Hunger.
e. Einen Apfelsaft.
f. Ja, gern!

6 Antworte mit Negation.

1. Möchtest du einen Apfel? Nein danke, keinen Apfel!
2. Möchtest du ein Käsebrot? ______ !
3. Möchtest du eine Banane? ______ !
4. Möchtest du einen Schokoriegel? ______ !
5. Möchtest du ein Croissant? ______ !
6. Möchtest du einen Kuchen? ______ !

7 Ergänze den Dialog.

keinen
möchtest
in der Pause
haben mehr
habe

keinen Apfel
möchte … essen
hast
ein Käsebrot

- Patrick, was möchtest du heute ______ essen?
- Ich ______ ein Schinkenbrot ______ .
- Ich habe ______ Schinken mehr.
- Dann esse ich ______ .
- Wir ______ keinen Käse ______ .
  ______ du vielleicht einen Apfel?
- Nein danke, ______ .
  ______ du einen Schokoriegel?
- Nein, ich ______ keinen Schokoriegel.
- Dann esse ich nichts.

8 Lies, was Doktor Bönisch über das Frühstück sagt.
Mach dann die Aufgabe.

Alle, aber vor allem Schulkinder, brauchen eine gesunde Ernährung. Das Frühstück ist ohne Zeifel die wichtigste Mahlzeit des Tages. Eine Tasse Kakao oder Tee reicht nicht. Oft geben Eltern ihren Kindern etwas Geld: Aber was Schulkinder unterwegs kaufen, ist kein Ersatz für ein gesundes Frühstück.
Liebe Eltern, machen Sie es besser! Bereiten Sie Ihrem Kind morgens ein abwechslungsreiches, reichhaltiges Frühstück: Milch, Kakao, Obstsäfte, verschiedene Brotsorten mit Käse, Wurst, Marmelade oder Honig, dazu Joghurt.
Wichtig ist auch, dass das Kind in Ruhe und möglichst mit der ganzen Familie frühstückt.

Richtig (R) oder falsch (F)?

	R	F
1. Nur Schulkinder brauchen eine gesunde Ernährung.	⬡	⬡
2. Eine Tasse Kakao ist kein Frühstück.	⬡	⬡
3. Viele Kinder frühstücken nicht. Stattdessen kaufen sie sich etwas auf dem Schulweg.	⬡	⬡
4. Herr Bönisch meint, Schulkinder brauchen ein reichhaltiges Frühstück.	⬡	⬡
5. Es ist gut, wenn Schulkinder allein frühstücken.	⬡	⬡

Schule und Schulfächer

9 Was ist das? Schreibe die Buchstaben in die Kästchen.

6 7 9

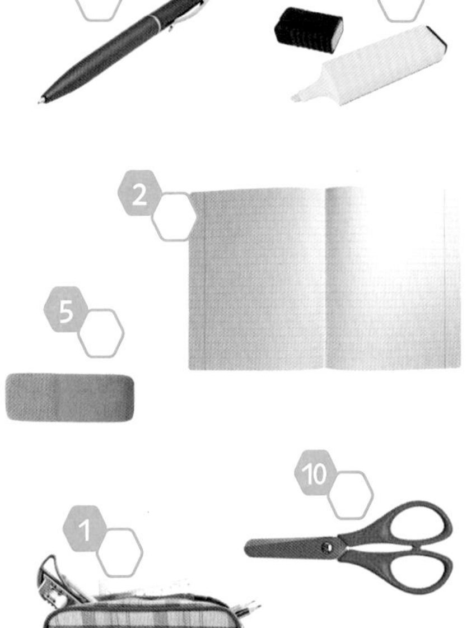

a. der Taschenrechner
b. die Schultasche
c. das Lineal
d. das Englischbuch
e. das Mäppchen
f. der Radiergummi
g. das Heft
h. die Schere
i. der Textmarker
l. der Kugelschreiber

10 Antworte wie im Beispiel.

Ein Buch?	Nein, kein Buch. Ein Heft.	
Ein Spitzer?	Nein, ______	
Ein Kugelschreiber?	Nein, ______	
Ein Lineal?	Nein, ______	
Eine Mappe?	Nein, ______	
Ein Heft?	Nein, ______	
Ein Bleistift?	Nein, ______	
Eine Schultasche?	Nein, ______	

11 Hör zu und schreib Sätze, die einen Sinn ergeben. ▶24

Der Die Das	Kugelschreiber Buch Schere Taschenrechner Heft Stuhl Textmarker Banane	ist hat schreibt schmeckt schneidet	klein. bequem. gut. gelb. viele Bilder. sehr nützlich.

______

______

______

______

12 Hör zu. Was kostet das? ▶25

€ ______

€ ______

€ ______

€ ______

€ ______

€ ______

€ ______

€ ______

13 Wie heißt der Plural?

ein Buch	zwei ______________
ein Kugelschreiber	zwei ______________
eine Schere	zwei ______________
ein Heft	zwei ______________
ein Lineal	zwei ______________
ein Bleistift	zwei ______________
ein Mäppchen	zwei ______________
ein Radiergummi	zwei ______________

14 Hast du alles? Ergänze wie im Beispiel.

- Hast du __________ Bleistift?
- Ja, __________ Bleistift habe ich!
- Hast du __________ Mathebuch?
- Ja, __________ Mathebuch habe ich!
- Hast du __________ Schere?
- Ja, __________ Schere habe ich!
- Hast du __________ Deutschheft?
- Ja, __________ Deutschheft habe ich!
- Hast du __________ Banane?
- Ja, __________ Banane habe ich!
- Hast du __________ Mäppchen?
- Ja, __________ Mäppchen habe ich!
- Hast du __________ Radiergummi?
- Ja, __________ Radiergummi habe ich!

15 **Was ist in deinem Ranzen?**

Also, ich habe ein Lineal, zwei

____

____

____

16 **Was brauchst du heute in der Schule? Und was nicht?**

Heute	(k)einen brauche ich (k)ein	Lineal. Taschenrechner. Spitzer. Mappe. (k)eine Mathebuch. Heft. Schere. Kugelschreiber.

Heute brauche ich kein Lineal. Heute brauche ich …

____

____

____

17 **Hör zu. Was unterrichten die verschiedenen Lehrer?** ▶26

18 Wie findest du die Fächer?

1. Mathematik Ich finde Mathe schwer!
2. Englisch ____________________
3. Geschichte ____________________
4. Deutsch ____________________
5. Kunst ____________________
6. Sport ____________________
7. Religion ____________________
8. Biologie ____________________

19 Welche Fächer mag Patrick? Welche nicht? ▶ 27

	🙂	🙁
Mathe	⬡	⬡
Sport	⬡	⬡
Englisch	⬡	⬡
Deutsch	⬡	⬡
Geschichte	⬡	⬡
Biologie	⬡	⬡
Informatik	⬡	⬡

Patrick lernt gern ____________________

____

____

____

____

Patrick lernt nicht gern ____________________

____

____

____

____

Fernsehen: Lieblingssendungen; ist Fernsehen gut oder schlecht?

20 **Welche Sendungen siehst du gern? Welche nicht?**

Sportsendungen – Quizshows – Filme – Krimis – Nachrichten – Zeichentrickfilme – Serien – Komödien – Kulturprogramme – Dokumentarfilme

Ich sehe gern …	Ich sehe nicht so gern …

21 **Antworte wie im Beispiel mit den vorgegebenen Adjektiven.**

1. Wie findest du den Film?
   Ich finde ihn schön.
2. Wie findest du den Krimi?
3. Wie findest du die Quizshow?
4. Wie findest du die Sportsendung?
5. Wie findest du das Kulturprogramm?
6. Wie findest du Nachrichten?
7. Wie findest du die Serie?
8. Wie findest du den Zeichentrickfilm?

blöd
interessant
langweilig – spannend
lustig – schön
uninteressant
informativ

22 Was gibt's im Fernsehen?

Um 16.20 Uhr (sechzehn Uhr zwanzig) gibt es eine Sportsendung.

Um 17 Uhr (   ) gibt es

23 Hör zu und ergänze die Tabelle. ▶28

	1	2	3
Sendung?			
Um wie viel Uhr?			
Wo? (ARD, ZDF, RTL …)			

24 Beantworte die Fragen.

Ja, ich bin ein Fernsehfan. Ich sehe ______________________

____

____

____

25 Lies, was die Jugendlichen denken und ergänze die Tabelle.

Also, was meint ihr? Ist Fernsehen gut oder schlecht?

Steffi: Nach der Schule oder am Abend bin ich oft müde. Dann sitze ich vor dem Fernseher und kann mich entspannen.

Markus: Fernsehen macht das Familienleben kaputt. Kinder und Eltern sprechen nicht mehr miteinander.

Melanie: Im Fernsehen gibt es nicht nur blöde Sendungen, sondern auch interessante Programme. Für alte Menschen ist Fernsehen sehr wichtig. Sie sind oft allein.

a. Ergänze die Tabelle.

Wer?	Gut	Schlecht	Warum?
Melanie	☺	☹	______________________
Markus	☺	☹	______________________
Steffi	☺	☹	______________________

b. Und was denkst du?

Ich finde Fernsehen gut/schlecht. ______________________

____

____

Der eigene Tagesablauf

26 Wie viel Uhr ist es? Verbinde mit einem Pfeil.

1. 13:30	a. zehn vor acht
2. 15:45	b. zehn vor zwölf
3. 10:25	c. halb zwei
4. 07:50	d. fünf nach zwölf
5. 19:10	e. halb neun
6. 20:30	f. Viertel vor vier
7. 11:50	g. fünf vor halb elf
8. 12:05	h. zehn nach sieben

27 Wie viel Uhr ist es? Hör zu und markiere die genaue Uhrzeit. ▶29

Situation 1:	a. 09.30	b. 10.30
Situation 2:	a. 14.10	b. 13.50
Situation 3:	a. 11.15	b. 11.45
Situation 4:	a. 10.25	b. 10.35
Situation 5:	a. 16.30	b. 17.30

28 Bilde fünf Verben.
Wie heißen die Verben in deiner Sprache?

1. auf-	-rufen
2. an-	-sehen
3. an-	-kommen
4. zurück-	-fangen
5. fern-	-stehen

1. ______________________________
2. ______________________________
3. ______________________________
4. ______________________________
5. ______________________________

29 Was machst du am Morgen? Schreib Sätze mit den vorgegebenen Verben.

aufstehen – zu Mittag essen – frühstücken – Pause machen – nach Hause zurückkommen
in der Schule bleiben – zur Schule fahren

1. Um sieben Uhr stehe ich auf.
2. ______
3. ______
4. ______
5. ______
6. ______
7. ______
8. ______

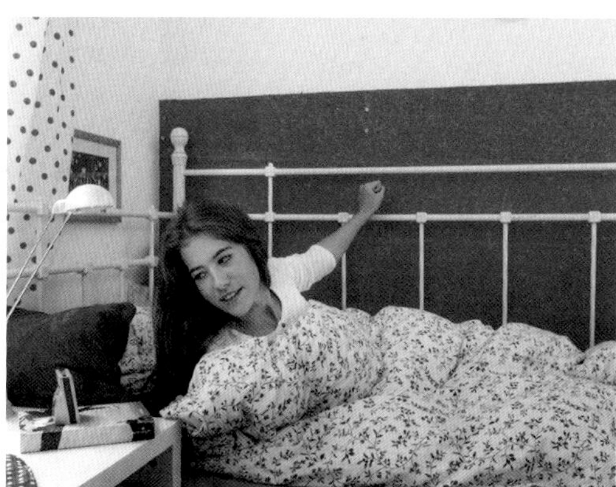

30 Marie Claire beschreibt ihren Tag. Schreib die Sätze auf.

7.05	*(aufstehen)*	Um fünf nach sieben stehe ich auf.
7.10	*(duschen)*	
7.25	*(frühstücken)*	
7.45	*(zur Schule fahren)*	
8 – 13	*(in der Schule sein)*	
13.15	*(nach Hause zurückkommen)*	
13.30	*(zu Mittag essen)*	
14 – 15	*(fernsehen)*	
15 – 17	*(für die Schule lernen)*	
17.30	*(in den Tennisclub gehen)*	
19.15	*(zu Abend essen)*	
20 – 21.30	*(E-Mails schreiben, chatten)*	
21.45	*(schlafen gehen)*	

31 Und wie sieht dein Tag aus? Beantworte die Fragen.

1. Wann stehst du auf?

   ____

2. Um wie viel Uhr fährst du zur Schule?

   ____

3. Wie lange bleibst du in der Schule?

   ____

4. Wann kommst du von der Schule zurück?

   ____

5. Um wie viel Uhr fängst du mit den Hausaufgaben an?

   ____

6. Siehst du gern fern? Wie viele Stunden pro Tag?

   ____

7. Telefonierst du oft? Wen rufst du an?

   ____

8. Um wie viel Uhr gehst du schlafen? Schläfst du sofort ein?

   ____

 Lies den folgenden Text und beantworte die Fragen.

Marsi, der Marsmensch

Marsi kommt von einem anderen Planeten, vom Mars. Er ist also ein außerirdisches Lebewesen, ein Marsmensch.
Er ist vor ein paar Tagen auf der Erde gelandet. Aber was macht ein Marsmensch auf der Erde? Er hat eine bestimmte Aufgabe: irdisches Material sammeln, viel fotografieren, Videos drehen …
Um Mitternacht steht er auf und frühstückt: Zum Frühstück nehmen Marsmenschen eine rote und eine blaue Pille und trinken eine gelbe Flüssigkeit. Danach steigt Marsi aus seiner fliegenden Untertasse aus und macht sich auf die Suche … Er hat schon viele interessante Sachen gefunden: zwei Handys, einen Laptop, einige CDs …
Um 4 Uhr hat Marsi Hunger: Er isst einen Proktoriegel (so etwas wie Schokoriegel, aber er schmeckt ganz anders).
Um 7 Uhr sieht er viele Menschen: Er möchte mit ihnen sprechen, aber diese haben keine Zeit, denn sie gehen alle zur Arbeit. Arbeit? Was heißt denn das? Auf dem Mars arbeitet man nicht.
Um 9 Uhr geht er zu seiner fliegenden Untertasse zurück, steigt wieder ein, isst (diesmal nimmt er zwei blaue und zwei grüne Pillen) und dann geht er schlafen.
Am nächsten Tag fliegt Marsi wieder nach Hause zurück.
Gute Reise, Marsi!

1. Wer ist Marsi? Woher kommt er?
2. Seit wann ist Marsi auf der Erde?
3. Was macht Marsi auf der Erde?
4. Wann steht Marsi auf? Was isst/trinkt er zum Frühstück?
5. Welches irdische Material hat Marsi schon gefunden?
6. Was macht Marsi um 4 Uhr?
7. Was passiert um 7 Uhr? Und um 9 Uhr?
8. Wann fliegt Marsi nach Hause zurück?

33 Ergänze den Dialog.

kommst … zurück
isst ist
machst
stehst … auf
du

trinke
stehe … auf
sehe sehe fern
bis um
esse
einen Schokoriegel

- Stefan, um wie viel Uhr __________ du __________ ?
- Ich __________ um 7.10 Uhr __________ .
- Was __________ du zum Frühstück?
- Ich __________ Brot mit Marmelade und __________ ein Glas Milch.
- Was isst __________ in der Pause?
- Ich esse __________ oder einen Apfel.
- Um wie viel Uhr __________ du nach Hause __________ ?
- __________ 13.30 Uhr.
- Und was __________ du nach dem Essen?
- Ich lerne __________ 17 Uhr. Dann gehe ich ins Schwimmbad oder ich __________ .
- Was __________ deine Lieblingssendung?
- Ich __________ gern Krimis und Sportsendungen.

Unregelmäßige Verben: Präsens

34 Ergänze die Tabelle.

	essen	nehmen	geben	sehen	finden	fahren
ich	______	______	______	______	______	______
du	______	______	______	______	______	______
er, sie, es	______	______	______	______	______	______
wir	______	______	______	______	______	______
ihr	______	______	______	______	______	______
sie, Sie	______	______	______	______	______	______

35 Das Verb *essen*. Ergänze.

1. Was ______ du zum Frühstück?
2. Mein Bruder ______ Brot mit Honig. Ich ______ ein Croissant.
3. Heute ______ die Kinder nichts. Sie haben keinen Hunger.
4. Frau Müller, ______ Sie gern Fisch?
5. Max, Alex, wo ______ ihr normalerweise zu Mittag?
6. Wir ______ in der Schule. Es gibt nämlich eine Mensa.

36 Das Verb *nehmen*. Ergänze.

1. Ich ______ einen Hamburger. Was ______ du?
2. Herr Fischer ______ eine Bratwurst. Seine Frau ______ eine Pizza.
3. Also Jungs, was ______ wir? Wir ______ alle Hamburger mit Pommes.
4. Und Sie, Frau Stein, was ______ Sie? Ich ______ nichts. Ich habe keinen Hunger.
5. ______ ihr auch Spaghetti? Natürlich ______ wir Spaghetti.
6. Martin hat keinen Hunger. Er ______ nur eine Cola.

37 Das Verb *sehen*. Ergänze.

1. Ich ______ jeden Tag zwei Stunden fern.
2. ______ du gern fern?
3. Die Kinder ______ am Nachmittag fern.
4. Heute ______ wir nicht fern. Wir gehen ins Kino.
5. Mein Bruder ______ jeden Tag bis Mitternacht fern.
6. Opa und Oma ______ gern Quizshows.

Trennbare Verben

38 Ergänze die Tabelle.

	aufstehen	anrufen	anfangen	fernsehen
ich	___	___	___	___
du	___	___	___	___
er, sie, es	___	___	___	___
wir	___	___	___	___
ihr	___	___	___	___
sie, Sie	___	___	___	___

39 Bilde Sätze mit den vorgegebenen Verben.

anfangen ___

___

aufstehen ___

___

anrufen ___

___

ausgehen ___

___

einschlafen ___

___

fernsehen ___

___

zu Mittag essen ___

___

zu Abend essen ___

___

zurückkommen ___

___

zurückfahren ___

___

Der Akkusativ

40 Subjekt oder Objekt?

1. Das *Buch* kostet E10.
   Subjekt
2. Ich suche *einen Radiergummi*.
   ___
3. Siehst du *das Buch*?
   ___
4. *Der Kugelschreiber* schreibt gut.
   ___
5. Ich brauche *den Taschenrechner*.
   ___
6. Wo ist *das Heft* von Max?
   ___
7. *Das Mäppchen* gehört Thomas.
   ___
8. Kaufst du *ein Heft*?
   ___
9. *Das Mäppchen* ist nicht teuer.
   ___
10. Ich brauche *einen Spitzer*.
    ___

41 Nominativ oder Akkusativ?

	Nominativ	Akkusativ
1. Ich suche *den Kugelschreiber*.	⬡	⬡
2. *Der Textmarker* schreibt gut.	⬡	⬡
3. Wie findest du *das Buch*?	⬡	⬡
4. *Das Lineal* hier ist nicht teuer.	⬡	⬡
5. Brauchst du *den Taschenrechner*?	⬡	⬡
6. Ich kaufe *den Spitzer*.	⬡	⬡
7. *Der Bleistift* ist neu.	⬡	⬡
8. *Das Heft* ist zu klein.	⬡	⬡
9. Ich habe *keine Mappe*.	⬡	⬡
10. Hier ist *mein Mäppchen*.	⬡	⬡

42 *Einen, ein, eine?* Ergänze.

1. Ich esse _______ Käsebrot.
2. Ich brauche _______ Lineal.
3. Ich trinke _______ Apfelsaft.
4. Um wie viel Uhr gibt es _______ Krimi?
5. Ich nehme _______ Hamburger, bitte.
6. In der Pause isst Claudia _______ Banane.
7. Ich kaufe _______ Heft und _______ Textmarker.
8. Ich habe nur _______ Kugelschreiber.
9. Ich nehme _______ Dose Cola, und du?
10. Die Oma möchte _______ Kulturprogramm sehen.

43 *Einen, ein, eine?* Ergänze.

1. Der Spitzer von Sebastian ist praktisch. Ich möchte auch so _______ Spitzer.
2. Die Tasche von Martina ist schön Ich möchte auch so _______ Tasche.
3. Das Heft von Hedi ist klein. Ich möchte auch so _______ Heft.
4. Der Kugelschreiber von Max schreibt gut. Ich möchte auch so _______ Kugelschreiber.
5. Das Buch von Peter ist interessant. Ich möchte auch so _______ Buch.
6. Die Schere von Petra schneidet gut. Ich möchte auch so _______ Schere.
7. Der Marker von Timo ist nicht teuer. Ich möchte auch so _______ Marker.
8. Das Mäppchen von Rita ist originell. Ich möchte auch so _______ Mäppchen.

44 *Den, die, das?* Ergänze.

1. Hast du _______ Matheheft?
2. Brauchst du heute _______ Spitzer?
3. Ich nehme _______ Lineal hier. Es kostet nur €1,50.
4. Schau mal _______ Tasche da! Ist die nicht schön?
5. Ich habe _______ Deutschbücher zu Hause vergessen.
6. Heute brauche ich _______ Englischbuch.
7. Heute Nachmittag mache ich _______ Hausaufgaben mit Peter.
8. Suchst du _______ Radiergummi?
9. Wie findest du _______ Film?
10. Wann gibt es _______ Quizshow *Wer wird Millionär?*

45 *Den, die, das*? Ergänze.

- Was hast du vergessen?
- Ich habe ______ Radiergummi, ______ Pausenbrot, ______ Apfel, ______ Textmarker, ______ Deutschbuch, ______ Lineal, ______ Mappe, ______ Matheheft, ______ Schultasche vergessen. Ich habe alles vergessen!!

Die Personalpronomen im Akkusativ

46 Beantworte die Fragen mit den Personalpronomen im Akkusativ (*ihn, sie, es*).

1. Brauchst du den Spitzer?
   Ja, ich brauche ihn.
2. Hast du das Deutschbuch?
   Ja, ______________________
3. Findest du den Film interessant?
   Ja, ______________________
4. Findest du die Tasche schön?
   Ja, ______________________
5. Suchst du den Textmarker?
   Ja, ______________________
6. Liest du den Roman von Böll?
   Ja, ______________________
7. Siehst du die Sportsendung?
   Ja, ______________________
8. Siehst du das Kulturprogramm?
   Ja, ______________________
9. Siehst du heute Tobias?
   Ja, ______________________
10. Kennst du Martina?
    Ja, ______________________

47 Beantworte die Fragen mit den Personalpronomen im Akkusativ (*ihn, sie, es*).

1. Wie findest du das neue Auto von Max?
   ____
2. Wie findest du den neuen Deutschlehrer?
   ____
3. Wie findest du die neue Pizzeria?
   ____
4. Wie findest du die neue Quizshow?
   ____
5. Wie findest du den neuen Schuldirektor?
   ____
6. Wie findest du die neue Sekretärin?
   ____
7. Wie findest du das neue Restaurant?
   ____
8. Wie findest du den neuen Freund von Tina?
   ____

Direktional-Ergänzung: die Präposition *in* + Akkusativ

48 *In den, in die, in das* (*ins*)? Ergänze.

1. Wir gehen heute Abend ______ Kino.
2. Herr und Frau Meier gehen ______ Restaurant.
3. Das Wetter ist so schön. Gehen wir ______ Park!
4. Am Mittwoch gehe ich ____ Sprachschule.
5. Peter geht am Sonntag ______ Kirche. Ali geht am Freitag ______ Moschee.
6. Heute Nachmittag geht Florian ______ Schwimmbad.
7. Gehen wir ______ Tennisclub? Nein, ich habe keine Lust.
8. Gehst du jetzt ______ Schule?

Die Negation: *nicht, kein*

49 Antworte mit Negation.

1. Haben Sie Brot? Nein, wir haben kein Brot.
2. Haben Sie Schokolade? Nein, ______
3. Haben Sie Jogurt? Nein, ______
4. Haben Sie Apfelsaft? Nein, ______
5. Haben Sie Milch? Nein, ______
6. Haben Sie Kuchen? Nein, ______
7. Haben Sie Cola? Nein, ______
8. Haben Sie Chips? Nein, ______

50 Antworte mit Negation.

1. Brauchst du den Spitzer? Nein, ich brauche ihn nicht!
2. Brauchst du das Lineal? Nein, ______
3. Brauchst du den Textmarker? Nein, ______
4. Brauchst du die Mappe? Nein, ______
5. Brauchst du das Handy? Nein, ______
6. Brauchst du die Sportschuhe? Nein, ______
7. Brauchst du das Matheheft? Nein, ______
8. Brauchst du den Kugelschreiber? Nein, ______

51 Antworte mit Negation.

1. Findest du die Sendung interessant? Nein, ich finde sie nicht interessant.
2. Findest du das Programm toll? Nein, ______
3. Findest du den Deutschlehrer streng? Nein, ______
4. Findest du die Sekretärin nett? Nein, ______
5. Findest du den Krimi spannend? Nein, ______
6. Findest du das Handy teuer? Nein, ______
7. Findest du die Quizshow lustig? Nein, ______
8. Findest du Tina hübsch? Nein, ______

Fragewörter der Zeit (*Um wie viel Uhr? Wann? Wie lange? …*); Temporal-Ergänzung mit *um* und *am*

52 *Um* oder *am*? Ergänze.

1. Mein Vater steht jeden Tag _______ 6.30 Uhr auf.
2. _______ Nachmittag lerne ich für die Schule.
3. Die Schule fängt _______ 8 Uhr an.
4. _______ Samstag gehe ich nicht in die Schule.
5. _______ Abend sehe ich bis 23 Uhr fern.
6. _______ wie viel Uhr isst du zu Abend?
7. _______ Mittwoch gehe ich in die Tanzschule.
8. Ich komme _______ 13.45 Uhr von der Schule zurück.

53 Bilde Fragen.

1. ____?
   Ich stehe um 7 Uhr auf.
2. ____?
   Ich sehe von 17 bis 19 Uhr fern.
3. ____?
   Am Montag und am Mittwoch.
4. ____?
   Es ist zehn nach vier.
5. ____?
   Zwei Stunden.
6. ____?
   Der Film fängt um 20.15 Uhr an.
7. ____?
   Nach dem Essen.
8. ____?
   Nicht lange, eine Stunde.

Wir trainieren

54 Hör zu und antworte wie im Beispiel. ▶30–33

A
1. Möchtest du einen Apfel?
2. Möchtest du einen Schokoriegel?
3. Möchtest du eine Banane?
4. Möchtest du ein Käsebrot?
5. Möchtest du ein Stück Kuchen?

Ja, einen Apfel esse ich gern.

B
1. Brauchst du den Spitzer?
2. Brauchst du das Deutschbuch?
3. Brauchst du die Schere?
4. Brauchst du den Marker?
5. Brauchst du die Mappe?

Ja, den brauche ich!

C
1. Wie findest du den Film? Schön?
2. Wie findest du die Quizshow? Blöd?
3. Wie findest du das Kulturprogramm? Langweilig?
4. Wie findest du die Sportsendung? Toll?
5. Wie findest du den Krimi? Spannend?

Ja, ich finde ihn schön.

D
1. Um wie viel Uhr stehst du auf? Um 7.10?
2. Um wie viel Uhr frühstückst du? Um 7.30?
3. Um wie viel Uhr fährst du zur Schule? Um 7.45?
4. Um wie viel Uhr fängt der Unterricht an? Um 8.05?
5. Um wie viel Uhr kommst du zurück? Um 13.15?

Ja, ich stehe um 7.10 auf.

55 Hör zu und wiederhole die Sätze mit der richtigen Intonation. ▶34

Was isst du in der Pause?
Ich esse einen Schokoriegel.

Hast du einen Marker?
Tut mir leid, ich habe keinen Marker.

Was ist dein Lieblingsfach?
Mein Lieblingsfach ist Englisch.
Was gibt es heute im Fernsehen?
Es gibt einen Krimi.

Wie viel Uhr ist es?
Es ist 10.15.

Wir spielen

A. Memo-Spiel

Schneide die Kärtchen aus, leg sie umgekehrt auf den Tisch und finde die Paare. Viel Spaß!

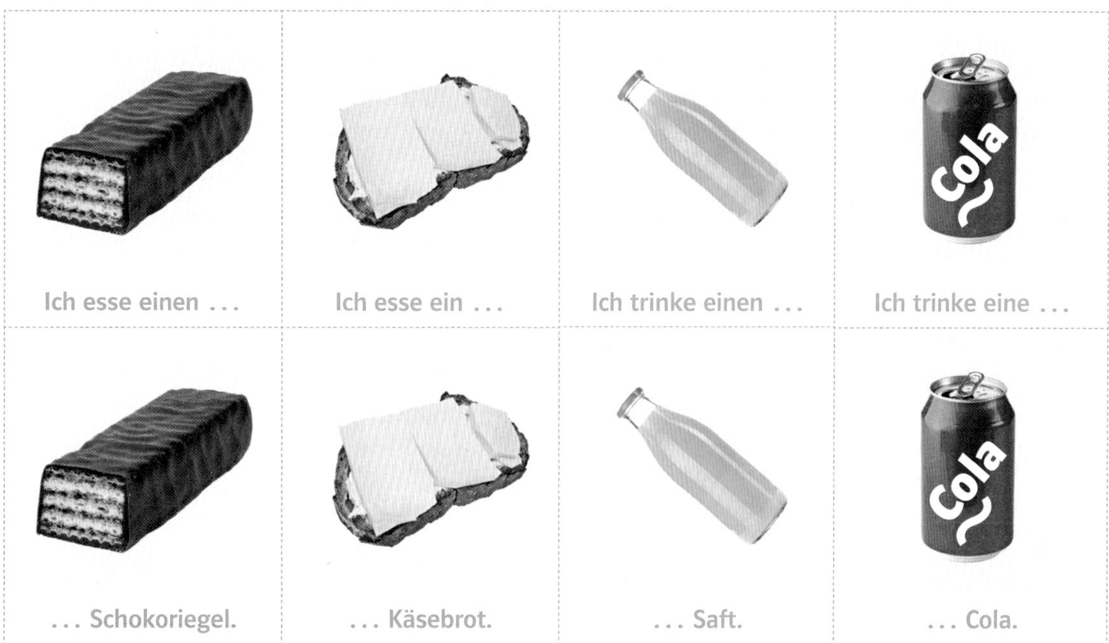

Lektion 3 Wortschatz: Essen und Trinken	Lektion 3 Wortschatz: Essen und Trinken	Lektion 3 Wortschatz: Essen und Trinken	Lektion 3 Wortschatz: Essen und Trinken
Lektion 3 Wortschatz: Essen und Trinken	Lektion 3 Wortschatz: Essen und Trinken	Lektion 3 Wortschatz: Essen und Trinken	Lektion 3 Wortschatz: Essen und Trinken
Lektion 3 Wortschatz: Essen und Trinken	Lektion 3 Wortschatz: Essen und Trinken	Lektion 3 Wortschatz: Essen und Trinken	Lektion 3 Wortschatz: Essen und Trinken
Lektion 3 Wortschatz: Essen und Trinken	Lektion 3 Wortschatz: Essen und Trinken	Lektion 3 Wortschatz: Essen und Trinken	Lektion 3 Wortschatz: Essen und Trinken

B. Sätze bauen

Schneide die Kärtchen aus, mische sie und bau damit unterschiedliche Sätze.

Ich	Tina	Wir	Meine Freunde
find-e	find-et	find-en	
den	die	das	die
Krimi	Sport-sendung	Nachrichten	Programm
Film	Talkshow	Serie	Konzert
spannend.	langweilig.	interessant.	lustig.
blöd.	informativ.	schön.	toll.

Lektion 3 Grammatik: *Akkusativ*	Lektion 3 Grammatik: *Akkusativ*	Lektion 3 Grammatik: *Akkusativ*	Lektion 3 Grammatik: *Akkusativ*
	Lektion 3 Grammatik: *Akkusativ*	Lektion 3 Grammatik: *Akkusativ*	Lektion 3 Grammatik: *Akkusativ*
Lektion 3 Grammatik: *Akkusativ*	Lektion 3 Grammatik: *Akkusativ*	Lektion 3 Grammatik: *Akkusativ*	Lektion 3 Grammatik: *Akkusativ*
Lektion 3 Grammatik: *Akkusativ*	Lektion 3 Grammatik: *Akkusativ*	Lektion 3 Grammatik: *Akkusativ*	Lektion 3 Grammatik: *Akkusativ*
Lektion 3 Grammatik: *Akkusativ*	Lektion 3 Grammatik: *Akkusativ*	Lektion 3 Grammatik: *Akkusativ*	Lektion 3 Grammatik: *Akkusativ*
Lektion 3 Grammatik: *Akkusativ*	Lektion 3 Grammatik: *Akkusativ*	Lektion 3 Grammatik: *Akkusativ*	Lektion 3 Grammatik: *Akkusativ*
Lektion 3 Grammatik: *Akkusativ*	Lektion 3 Grammatik: *Akkusativ*	Lektion 3 Grammatik: *Akkusativ*	Lektion 3 Grammatik: *Akkusativ*

C. Sätze bauen

Schneide die Kärtchen aus, mische sie und bau damit unterschiedliche Sätze.

Ich	Vati	Die Kinder	Wir	Der Opa
steh-e	komm-t	seh-en	ess-en	schläf-t
um 7 Uhr	am Abend	von 16 bis 18 Uhr	um 19 Uhr	nach dem Essen
auf.	zurück.	fern.	zu Abend.	ein.

Lektion 3 Grammatik: Trennbare Verben	Lektion 3 Grammatik: Trennbare Verben	Lektion 3 Grammatik: Trennbare Verben	Lektion 3 Grammatik: Trennbare Verben	Lektion 3 Grammatik: Trennbare Verben
Lektion 3 Grammatik: Trennbare Verben	Lektion 3 Grammatik: Trennbare Verben	Lektion 3 Grammatik: Trennbare Verben	Lektion 3 Grammatik: Trennbare Verben	Lektion 3 Grammatik: Trennbare Verben
Lektion 3 Grammatik: Trennbare Verben	Lektion 3 Grammatik: Trennbare Verben	Lektion 3 Grammatik: Trennbare Verben	Lektion 3 Grammatik: Trennbare Verben	Lektion 3 Grammatik: Trennbare Verben
Lektion 3 Grammatik: Trennbare Verben	Lektion 3 Grammatik: Trennbare Verben	Lektion 3 Grammatik: Trennbare Verben	Lektion 3 Grammatik: Trennbare Verben	Lektion 3 Grammatik: Trennbare Verben

D. Silbenrätsel

Schneide die Kärtchen aus und setze die Silben zu Wörtern zusammen.

Stun-	Don-	-wei-	-men
lang-	Hun-	Sen-	an-
-se-	-her	-lig	-schreiber
neh-	-ners-	-ger	-fen
Fern-	Ku-	-den-	-dung
-plan	-ru-	-tag	-gel-

Lektion 3 Silbenrätsel	Lektion 3 Silbenrätsel	Lektion 3 Silbenrätsel	Lektion 3 Silbenrätsel
Lektion 3 Silbenrätsel	Lektion 3 Silbenrätsel	Lektion 3 Silbenrätsel	Lektion 3 Silbenrätsel
Lektion 3 Silbenrätsel	Lektion 3 Silbenrätsel	Lektion 3 Silbenrätsel	Lektion 3 Silbenrätsel
Lektion 3 Silbenrätsel	Lektion 3 Silbenrätsel	Lektion 3 Silbenrätsel	Lektion 3 Silbenrätsel
Lektion 3 Silbenrätsel	Lektion 3 Silbenrätsel	Lektion 3 Silbenrätsel	Lektion 3 Silbenrätsel
Lektion 3 Silbenrätsel	Lektion 3 Silbenrätsel	Lektion 3 Silbenrätsel	Lektion 3 Silbenrätsel

Transkriptionen

Lektion 1, Ü. 9 Track 1

- Wie heißt du?
- Ich heiße Dirk Wulf. Aber mein Spitzname ist Willy.
- Wo wohnst du?
- Ich wohne in Berlin.
- Was machst du?
- Ich bin Techno-DJ und singe auch in einer Techno-Band.
- Dirk, wie alt bist du eigentlich?
- Ich bin 20.
- Wie heißt dein großer Hit?
- Im Moment ist „Stop now" mein großer Hit.
- Was ist dein Lieblingsessen?
- Hamburger mit Pommes.
- Und was ist dein Lieblingsgetränk?
- Ich trinke sehr gern Cola mit Zitrone.
- Danke für das Interview.
- Bitte!

Lektion 1, Ü. 19 Track 2

- Herr Kuppers, wir sind von der Schülerzeitung und möchten Sie interviewen. Dürfen wir ein paar Fragen stellen?
- Aber natürlich!
- Herr Kuppers, wo wohnen Sie?
- Ich wohne hier in Lübeck, in der Falkenstraße.
- Sie sind verheiratet, nicht wahr?
- Ja, ich bin verheiratet und habe zwei Kinder: Stefanie, 16 Jahre alt, und Alexander, 11.
- Entschuldigen Sie, bitte, Herr Kuppers, aber … wie alt sind Sie eigentlich?
- Ich bin nicht mehr so jung, ich bin schon 51!
- Herr Kuppers, was machen Sie in Ihrer Freizeit?
- Ich bin ein sportlicher Typ: Ich jogge und spiele Tennis. Aber ich surfe auch gern im Internet.
- Hören Sie gern Musik?
- Ja, vor allem klassische Musik. Bach und Mozart sind meine Lieblingskomponisten.
- Sie sagen, Sie surfen gern im Internet. Dann haben Sie bestimmt eine E-Mail-Adresse.
- Klar: peterkuppers@free.de. Also, wenn jemand mir schreiben möchte …
- Danke, Herr Kuppers für das Interview.
- Bitte, bitte.

Lektion 1, Ü. 23 Track 3

- Grüß dich. Wie heißt du?
- Olivia Lehmann.
- Und wie alt bist du, Olivia?
- Ich bin 19.
- Wo wohnst du?
- In Freising. Das liegt bei München.
- Ach, ja … und du hast natürlich ein Handy, nicht wahr?
- Klar.
- Wie ist deine Handynummer?
- Meine Handynummer ist 0170/2741990.
- Olivia, was machst du?
- Ich bin Studentin. Ich studiere Pharmazie in München.
- Pharmazie … interessant. Und sag mal Olivia, wie viele Personen seid ihr zu Hause?
- Meine Eltern sind geschieden. Ich wohne mit meinem Vater.
- Was machst du in deiner Freizeit?
- Also … ich surfe im Internet, schreibe E-Mails. Ich treibe auch Sport, ich schwimme und jogge. Und höre natürlich auch gern Musik.
- Danke, Olivia.
- Bitte.

Lektion 1, Ü. 27 Track 4

Nr. 1: Das ist München;
Nr. 2: Das ist Berlin;
Nr. 3: Das ist Wien;
Nr. 4: Das ist Frankfurt;
Nr. 5: Das ist Zürich;
Nr. 6: Das ist Hamburg.

Lektion 1, Ü. 32 Track 5

Spiel 1: 17, 3, 30, 39, 26, 44;
Spiel 2: 14, 4, 42, 31, 20, 47.

Lektion 1, Ü. 33 Track 6

a: 22; **e**: 66;
b: 13; **f**: 17;
c: 40; **g**: 88;
d: 50; **h**: 90.

Lektion 1, Ü. 35 Track 7

Situation 1:
Entschuldigung, was kostet das? Das kostet Euro 20,30;
Situation 2:
Entschuldigung, was kostet das? Das kostet Euro 43;
Situation 3:
Entschuldigung, was kostet das? Das kostet Euro 105;
Situation 4:
Entschuldigung, was kostet das? Das kostet Euro 7,20
Situation 5:
Entschuldigung, was kostet das? Das kostet Euro 20,50.

Lektion 1, Ü. 36 Track 8

- Servus! Ich heiße Peter, Peter Müller. Ob ich ein Handy habe? Klar! Die Nummer lautet 0167/70 33 269.
- Guten Tag. Mein Name ist Michael Wickert. Meine Handynummer ist 0171/65 78 210.
- Ich bin Gabi Heller. Meine Handynummer? 0179/34 88 929.
- Hallo! Ich bin Martina Becker. Natürlich habe ich ein Handy. Meine Nummer ist 0170/23 45 118.

Lektion 1, Ü. 56 Track 9-12

A
1. Wer ist das? Stefan?
● Ja, das ist Stefan.
2. Wer ist das? Tina?
● Ja, das ist Tina.
3. Wer ist das? Herr Meier?
● Ja, das ist Herr Meier.
4. Wer ist das? Dein Vater?
● Ja, das ist mein Vater.
5. Wer ist das? Deine Schwester?
● Ja, das ist meine Schwester.

B
1. Wie alt bist du? 12?
● Ja, ich bin 12.
2. Wie alt ist Patrick? 13?
● Ja, er ist 13.
3. Wie alt ist Herr Schulz? 38?
● Ja, er ist 38.
4. Wie alt ist deine Oma? 76?
● Ja, sie ist 76.
5. Wie alt sind Sie, Frau Böhm? 34?
● Ja, ich bin 34.

C
1. Hast du einen Bruder?
● Ja, ich habe einen Bruder.
2. Hast du eine Schwester?
● Ja, ich habe eine Schwester.
3. Hast du einen Onkel?
● Ja, ich habe einen Onkel.
4. Hast du eine Tante?
● Ja, ich habe eine Tante.
5. Hast du einen Cousin?
● Ja, ich habe einen Cousin.

D
1. Wohnst du in Berlin?
● Nein, ich wohne in München
2. Wohnt Karl in Bonn?
● Nein, er wohnt in Hamburg.
3. Wohnt Frau Weigel in München?
● Nein, sie wohnt in Augsburg.
4. Wohnen die Meiers in Köln?
● Nein, sie wohnen in Nürnberg.
5. Wohnt ihr in Mainz?
● Nein, wir wohnen in Frankfurt.

Lektion 1, Ü. 57 Track 13

● Entschuldigung, wie heißt du?
● Ich heiße Stefan Weigel.
● Wie alt bist du?
● Ich bin 11.
● Hast du Geschwister?
● Ja, ich habe eine Schwester.
● Wo wohnst du?
● Ich wohne in Augsburg.
● Wo liegt das denn?
● Das liegt in Süddeutschland.

Lektion 2, Ü. 5 Track 14

Das Bad ist nicht sehr groß. Der Garten ist sehr schön. Die Küche ist praktisch. Das Arbeitszimmer ist groß. Das Schlafzimmer ist klein. Das Wohnzimmer ist gemütlich. Der Abstellraum ist nützlich.

Lektion 2, Ü. 10 Track 15

Mein Zimmer gefällt mir sehr gut. Ich bin gern hier. Hier mache ich meine Hausaufgaben, lerne für die Schule, höre Musik, lese usw.
Ich habe auch einen Computer mit Internetanschluss. Ich surfe im Internet und schicke meinen Freunden und Freundinnen viele E-Mails.
Ich habe einen Kleiderschrank. Der ist aber viel zu klein. Meine Mutter sagt aber, der Schrank ist ok. Ich habe einfach zu viele Kleider.
Ich liebe mein Bett! Es ist groß und sehr bequem.

Lektion 2, Ü. 11 Track 16

- Guten Tag, kann ich Ihnen helfen?
- Ja, ich suche ein Haus. Hier in Stuttgart.
- Und was für ein Haus suchen Sie? Ein Reihenhaus, ein Einfamilienhaus, eine Villa …
- Ein ganz normales Reihenhaus.
- Ach ja, ein Reihenhaus suchen Sie. Und wie groß soll es sein?
- Ja, also … Wohnzimmer, Küche, 3 Schlafzimmer, 2 Bäder …
- Mit Garage?
- Ja, wenn möglich schon. Und natürlich mit Garten.
- Also … Wohnzimmer, Küche, 3 Schlafzimmer, 2 Bäder, Garage und Garten. Wie teuer darf es sein?
- Maximal soll die Miete 800 Euro pro Monat betragen.
- Gut, ich brauche jetzt Ihre Personalien, bitte. Also, wie ist Ihr Name?
- Schwarz, Klaus Schwarz.
- Wohnen Sie hier in Stuttgart, Herr Schwarz?
- Ja, in der Hegelstraße, Nr. 45.
- Hegelstraße 45. Gut. Und wie ist Ihre Telefonnummer?
- 28 45 90.
- Haben Sie auch eine Handynummer?
- Klar: 0170/34 78 337.
- Also, Herr Schwarz, sobald wir etwas für Sie haben, melden wir uns. OK?
- Gut. Ich warte also auf Ihre Nachricht, auf Wiedersehen!
- Auf Wiedersehen, Herr Schwarz.

Lektion 2, Ü. 28 Track 17

- Hallo, wie heißt du?
- Ich heiße Sonja.
- Und woher kommst du, Sonja?
- Ich bin aus der Schweiz.
- Und wo wohnst du in der Schweiz?
- Ich wohne in Genf, Genève auf Französisch.
- Und welche Sprachen sprichst du?
- Ich spreche natürlich Deutsch und Französisch. Und in der Schule lerne ich Englisch.
- Du sprichst also drei Sprachen, Sonja. Das ist aber toll!
- Wie ist dein Name?
- Christian.
- Und woher kommst du, Christian?
- Ich komme aus Südtirol, aus Bozen.
- Und wohnst du auch in Bozen?
- Ja, ich wohne mit meiner Familie dort.
- Christian, welche Sprachen sprichst du?
- Meine Muttersprache ist Deutsch, aber ich spreche auch fließend Italienisch.
- Guten Tag. Sie sind Herr Johnson, Bill Johnson, oder?
- Ja, der bin ich.
- Herr Johnson, woher kommen Sie?
- Ich komme aus den USA, und zwar aus Kalifornien.
- Wohnen Sie auch dort?
- Nein, ich wohne zurzeit in Deutschland, in Berlin. Ich arbeite dort.
- Sie sind also zweisprachig: Sie sprechen sowohl Englisch als auch Deutsch, nicht wahr?
- Ja.

Lektion 2, Ü. 30 Track 18

- Guten Abend, liebe Zuschauerinnen und Zuschauer, und willkommen zu unserer Quizshow Wer wird Millionär? Unser erster Teilnehmer heißt Roberto Locatelli und kommt aus … tja, fragen wir ihn persönlich. Also, Herr Locatelli, woher kommen Sie?
- Aus Bergamo.
- Bergamo? Dann sind Sie Italiener.

- Ja, aber ich wohne seit über 10 Jahren in Frankfurt.
- Ach so, deshalb sprechen Sie so gut Deutsch! Und … was machen Sie hier in Deutschland?
- Ich arbeite als Italienischlehrer in einer Sprachschule.
- Sind Sie verheiratet?
- Ja.
- Ist Ihre Frau Deutsche?
- Ja, aus München.
- Haben Sie Kinder?
- Eine Tochter, Susanna.
- Und selbstverständlich spricht sie perfekt Italienisch und Deutsch …
- Certamente …
- Gut, dann können wir anfangen. Also, die erste Frage …

Lektion 2, Ü. 57 Track 19-22

A

1. Was ist das? Ein Schrank?
- Nein, das ist kein Schrank!
2. Was ist das? Ein Sofa?
- Nein, das ist kein Sofa!
3. Was ist das? Eine Lampe?
- Nein, das ist keine Lampe!
4. Was ist das? Ein Computer?
- Nein, das ist kein Computer!
5. Was ist das? Ein Stuhl?
- Nein, das ist kein Stuhl!

B

1. Trinkst du eine Tasse Kaffee?
- Ja, eine Tasse Kaffee trinke ich immer gern!
2. Trinken Sie ein Bier?
- Ja, ein Bier trinke ich immer gern!
3. Trinkst du einen Apfelsaft?
- Ja, einen Apfelsaft trinke ich immer gern!
4. Trinkst du ein Glas Wasser?
- Ja, ein Glas Wasser trinke ich immer gern!
5. Trinken Sie eine Cola?
- Ja, eine Cola trinke ich immer gern!

C

1. Hast du einen Hund?
- Nein, aber ich möchte so gern einen Hund haben!
2. Hast du eine Katze?
- Nein, aber ich möchte so gern eine Katze haben!
3. Hast du ein Pferd?
- Nein, aber ich möchte so gern ein Pferd haben!
4. Hast du einen Hamster?
- Nein, aber ich möchte so gern einen Hamster haben!
5. Hast du einen Goldfisch?
- Nein, aber ich möchte so gern einen Goldfisch haben!

D

1. Spricht man Deutsch in Deutschland?
- Natürlich spricht man Deutsch in Deutschland!
2. Spricht man Englisch in England?
- Natürlich spricht man Englisch in England!
3. Spricht man Italienisch in Italien?
- Natürlich spricht man Italienisch in Italien!
4. Spricht man Französisch in Frankreich?
- Natürlich spricht man Französisch in Frankreich!
5. Spricht man Türkisch in der Türkei?
- Natürlich spricht man Türkisch in der Türkei!

Lektion 2, Ü. 58 Track 23

- Wie ist das Wohnzimmer?
- Es ist sehr gemütlich.
- Trinkst du eine Cola?
- Nein, danke. Ich trinke nichts.
- Wie geht's dir?
- Mir geht's sehr gut, danke!
- Woher kommt Herr Martinez?
- Er kommt aus Spanien.
- Was spricht Herr Martinez?
- Er spricht Spanisch.

Lektion 3, Ü. 11 Track 24

Die Schere schneidet gut; Der Kugelschreiber schreibt gut; Der Marker ist gelb; Das Buch hat viele Bilder; Das Heft ist klein; Der Stuhl ist bequem; Die Banane schmeckt gut; Der Taschenrechner ist sehr nützlich.

Lektion 3, Ü. 12 Track 25

Der Bleistift kostet 80 Cent; Das Heft kostet 1,20 Euro; Das Buch kostet 19,90 Euro; Der Taschenrechner kostet 9,50 Euro; Der Kugelschreiber kostet 2,20 Euro; Die Schere kostet 8,30 Euro; Das Mäppchen kostet 12,90; Der Marker kostet 2 Euro.

Lektion 3, Ü. 17 Track 26

Herr Menzel unterrichtet Mathematik;
Frau Müller unterrichtet Geschichte;
Frau Hentschel unterrichtet Religion;
Herr Berger unterrichtet Sport;
Frau Brook unterrichtet Englisch;
Frau Thüne unterrichtet Biologie;
Herr Novak unterrichtet Kunst;
Frau Hansmann unterrichtet Deutsch.

Lektion 3, Ü. 19 Track 27

- Hallo, grüß dich, Patrick. Sag mal ... was sind deine Lieblingsfächer? Was lernst du am liebsten?
- Englisch, natürlich! Englisch ist wirklich super! Ich mag Fremdsprachen.
- Und ... wie findest du Mathe?
- Unser Mathelehrer ist zwar sympathisch, aber das Fach Mathe ist langweilig.
- Lernst du auch Biologie?
- Ja, aber ehrlich gesagt, bin ich nicht so begeistert von Biologie. Ich finde das Fach einfach viel zu schwer ...
- Und was denkst du über Geschichte und Deutsch?
- Ach, Geschichte ist so langweilig, aber Deutsch ist sehr interessant.
- Und du magst natürlich Sport, oder?
- Klar, ich bin ein sportlicher Typ und ich freue mich immer auf den Sportunterricht.
- Und was ist mit Informatik?
- Wir haben das Fach Informatik nicht.
- Ach so ... Danke Patrick. ...

Lektion 3, Ü. 23 Track 28

- Vati, was gibt es heute Abend im Fernsehen?
- Um 20.15 Uhr gibt es einen interessanten Dokumentarfilm, Die Welt der Tiere.
- Und wo?
- In der ARD.
- Was? Schon 19.30 Uhr? Jetzt beginnt meine Lieblingssendung: Sport am Montag. Aber in welchem Programm? In der ARD oder im ZDF? Vati, in welchem Programm gibt es die Sportsendung?
- Auf RTL.
- Endlich schlafen die Kinder, und wir können uns unsere Lieblingssendung anschauen. Schatzi, um wie viel Uhr beginnt die Talkshow?
- Um 22.45 Uhr.
- Und wo?
- Im ZDF.

Lektion 3, Ü. 27 Track 29

Situation 1:
- Vati, wie spät ist es jetzt?
- Es ist halb zehn.
- Was? So spät? Schon halb zehn?

Situation 2:
- Vati, wie viel Uhr ist es?
- Zehn vor zwei.
- Ach, zehn vor zwei. Wir haben noch Zeit.

Situation 3:
- Vati, wie spät ist es?
- Viertel nach elf.
- Ach, erst Viertel nach elf. Es ist nicht so spät.

Situation 4:
- Vati, wie viel Uhr ist es?
- Es ist fünf nach halb elf.
- Fünf nach halb elf? So spät?

Situation 5:
- Vati, wie viel Uhr ist es?
- Es ist halb fünf.
- Halb fünf ... danke, Vati.

Lektion 3, Ü. 54 Track 30-33

A

1. Möchtest du einen Apfel?
- Ja, einen Apfel esse ich gern.

2. Möchtest du einen Schokoriegel?
- Ja, einen Schokoriegel esse ich gern.

3. Möchtest du eine Banane?
- Ja, eine Banane esse ich gern.

4. Möchtest du ein Käsebrot?
- Ja, ein Käsebrot esse ich gern.

5. Möchtest du ein Stück Kuchen?
- Ja, ein Stück Kuchen esse ich gern.

B

1. Brauchst du den Spitzer?
- Ja, den brauche ich!

2. Brauchst du das Deutschbuch?
- Ja, das brauche ich!

3. Brauchst du die Schere?
- Ja, die brauche ich!

4. Brauchst du den Marker?
- Ja, den brauche ich!
5. Brauchst du die Mappe?
- Ja, die brauche ich!

C
1. Wie findest du den Film? Schön?
- Ja, ich finde ihn schön.
2. Wie findest du die Quizshow? Blöd?
- Ja, ich finde sie blöd.
3. Wie findest du das Kulturprogramm? Langweilig?
- Ja, ich finde es langweilig.
4. Wie findest du die Sportsendung? Toll?
- Ja, ich finde sie toll.
5. Wie findest du den Krimi? Spannend?
- Ja, ich finde ihn spannend.

D
1. Um wie viel Uhr stehst du auf? Um 7.10?
- Ja, ich stehe um 7.10 auf.
2. Um wie viel Uhr frühstückst du? Um 7.30?
- Ja, ich frühstücke um 7.30.
3. Um wie viel Uhr fährst du zur Schule? Um 7.45?
- Ja, ich fahre um 7.45 zur Schule.
4. Um wie viel Uhr fängt der Unterricht an? Um 8.05?
- Ja, der Unterricht fängt um 8.05 an.
5. Um wie viel Uhr kommst du zurück? Um 13.15?
- Ja, ich komme um 13.15 zurück.

Lektion 3, Ü. 55 Track 34

- Was isst du in der Pause?
- Ich esse einen Schokoriegel.
- Hast du einen Marker?
- Tut mir leid, ich habe keinen Marker.
- Was ist dein Lieblingsfach?
- Mein Lieblingsfach ist Englisch.
- Was gibt es heute im Fernsehen?
- Es gibt einen Krimi.
- Wie viel Uhr ist es?
- Es ist 10.15.

CD-Impressum

Sprecher: Johanna Niedermüller, Hendrik van Ypsilon, Dorothea Baltzer, Cornelius Dane, Hede Beck, Manuela, Jonas, Odine, Jesse, Jonathan, Sarah und Nicole
Musik: OMNI-Mediasound; Sonoton
Gesang: Jeschi Paul
Musikal. Begleitung: Frank Rother
Produktion: Bauer Studios, Ludwigsburg; Andreas Nesic, Custom Music, Stuttgart
Presswerk: Osswald GmbH & Co., Leinfelden-Echterdingen

Quellenverzeichnis

U1 shutterstock (Blend Images); 3 www.klonkfotodesign.de; 4 www.klonkfotodesign.de; 5 www.klonkfotodesign.de; 7.1 Thinkstock (Hemera Technologies), München; 7.2 iStockphoto (snapphoto), Calgary, Alberta; 9.1 Thinkstock (Helder Almeida), München; 9.2 Thinkstock (Fuse), München; 9.3 Thinkstock (Monkey Business Images), München; 10 S. Felber, Berlin; 11 Shutterstock (wavebreakmedia), New York; 13.1 S. Felber, Berlin; 13.2 S. Felber, Berlin; 13.3 S. Felber, Berlin; 13.4 S. Felber, Berlin; 13.5 Thinkstock (Alexey Avdeev), München; 14 Thinkstock (Spotmatik), München; 15.1 www.klonkfotodesign.de; 15.2 Fotolia.com (creative studio), New York; 15.3 Shutterstock (Monkey Business Images), New York; 15.4 Thinkstock (Purestock), München; 15.5 Thinkstock (Mihajlo Maricic), München; 16 Thinkstock (Hemera Technologies), München; 17.1 Fotolia.com (Max Diesel), New York; 17.2 Thinkstock (SerrNovik), München; 17.3 Shutterstock (Peter Zachar), New York; 18.1 S. Felber, Berlin; 18.2 S. Felber, Berlin; 18.3 S. Felber, Berlin; 18.4 S. Felber, Berlin; 19.1 Thinkstock (SerrNovik), München; 19.2 Thinkstock (pictureimpressions), München; 19.3 Shutterstock (Peter Zachar), New York; 19.4 Fotolia.com (Max Diesel), New York; 19.5 Thinkstock (nilsz), München; 19.6 S. Felber, Berlin; 20.1 Avenue Images GmbH (Image Source), Hamburg; 20.2 Thinkstock (Jani Bryson), München; 20.3 Das Fotoarchiv, Essen; 20.4 Thinkstock (Jupiterimages), München; 20.5 Thinkstock (Jupiterimages), München; 23.1 Thinkstock (VALPAZOU), München; 23.2 Dreamstime.com (Sanne Berg), Brentwood, TN; 23.3 Thinkstock (vasabii), München; 23.4 Thinkstock (BananaStock), München; 23.5 Shutterstock (racorn), New York; 24 Fotolia.com (Alex White), New York; 28.1 Thinkstock (Anton Starikov), München; 28.2 Fotolia.com (Argus), New York; 38.1 Shutterstock (Gyvafoto), New York; 38.2 iStockphoto (photobac), Calgary, Alberta; 38.3 Shutterstock (Oleksiy Mark), New York; 38.4 iStockphoto (tiler84), Calgary, Alberta; 38.5 Shutterstock (Irina Nartova), New York; 38.6 Thinkstock (ISerg), München; 39.1 Shutterstock (Andrey_Popov), New York; 39.2 Thinkstock (elxeneize), München; 39.3 Shutterstock (ArTono), New York; 39.4 Thinkstock (furtaev), München; 40.1 www.klonkfotodesign.de; 41.1 S. Felber, Berlin; 42.1 www.klonkfotodesign.de; 42.2 Shutterstock (Jorg Hackemann), New York; 42.3 Shutterstock (Anton_Ivanov), New York; 43.1 Thinkstock (Florin1605), München; 43.2 S. Felber, Berlin; 43.3 Thinkstock (fotofermer), München; 43.4 Thinkstock (Alexlukin), München; 43.5 Thinkstock (karandaev), karandaev; 43.6 Thinkstock (WolfeLarry), München; 43.7 Thinkstock (denphumi), München; 43.8 Thinkstock (travellinglight), München; 43.9 Thinkstock (fotofermer), München; 43.10 Thinkstock (Popartic), München; 44.1 Dreamstime.com (Gstockstudio1), Brentwood, TN; 44.2 Shutterstock (Vitaly Korovin), New York; 44.3 Shutterstock (Gyorgy Barna), New York; 44.4 Shutterstock (Evgeny Karandaev), New York; 44.5 Shutterstock (Fotofermer), New York; 45 www.klonkfotodesign.de; 46.1 Shutterstock (Eric Isselee), New York; 46.2 iStockphoto (GlobalP), Calgary, Alberta; 46.3 Shutterstock (Vangert), New York; 46.4 Shutterstock (Erik Lam), New York; 46.5 Shutterstock (vovan), New York; 46.6 Shutterstock (Tracy Starr), New York; 46.7 Shutterstock (Nina Buday), New York; 48.1 M. Guglielminotti, Paris; 48.2 M. Guglielminotti, Paris; 48.3 M. Guglielminotti, Paris; 48.4 M. Guglielminotti, Paris; 48.5 M. Guglielminotti, Paris; 48.6 M. Guglielminotti, Paris; 48.7 M. Guglielminotti, Paris; 48.8 M. Guglielminotti, Paris; 50.1 Thinkstock (Monkey Business Images), München; 50.2 Thinkstock (Hemera Technologies), München; 50.3 Dreamstime.com (Kadettmann), Brentwood, TN; 50.4 Thinkstock (nyul), München; 50.6 Shutterstock (Belinka), New York; 51.1 Dreamstime.com (Maksym Poriechkin), Brentwood, TN; 51.2 Dreamstime.com (Korvin79), Brentwood, TN; 59.1 www.klonkfotodesign.de; 59.2 www.klonkfotodesign.de; 59.3 www.klonkfotodesign.de; 59.4 www.klonkfotodesign.de; 59.5 www.klonkfotodesign.de; 59.6 www.klonkfotodesign.de; 59.7 Thinkstock (Elena Elisseeva), München; 59.8 www.klonkfotodesign.de; 67 Klett-Archiv (S. Plisch de Vega), Stuttgart; 68.1 Bananastock, RF, Watlington / Oxon; 68.2 www.klonkfotodesign.de; 68.3 Klett-Archiv, Stuttgart; 68.4 www.klonkfotodesign.de; 68.5 www.klonkfotodesign.de; 68.6 Dreamstime.com (Jorg Hackemann), Brentwood, TN; 68.7 Shutterstock (Sabphoto), New York; 68.8 Shutterstock (Winston Link), New York; 68.9 Fotolia.com (rdnzl), New York; 68.10 Shutterstock (33333), New York; 68.11 iStockphoto (fotostok_pdv), Calgary, Alberta; 68.12 Shutterstock (sosha), New York; 68.13 iStockphoto (karandaev), Calgary, Alberta; 69 S. Felber, Berlin; 70.1 Thinkstock (Wavebreakmedia Ltd), München; 70.2 Thinkstock (knotsmaster), München; 70.3 Thinkstock (shioba), München; 70.4 Thinkstock (goir), München; 70.5 Thinkstock (Brilt), München; 70.6 Thinkstock (hywit dimyadi), München; 70.7 Thinkstock (Lusoimages), München; 70.8 Thinkstock (Bet_Noire), München; 70.9 Thinkstock (Dejan_Dundjerski), München; 70.10 Thinkstock (rgbdigital), München; 70.11 Thinkstock (TeodoraDjordjevic), München; 71.1 Shutterstock (Garsya), New York; 71.2 Shutterstock (Julian Rovagnati), New York; 71.3 Fotolia.com (Ekkehard Stein), New York; 71.4 iStockphoto (dsafanda), Calgary, Alberta; 71.5 iStockphoto (onebluelight), Calgary, Alberta; 71.6 Shutterstock (ildogesto), New York; 71.7 Shutterstock (Slavko Sereda), New York; 71.8 Shutterstock (nito), New York; 71.9 Shutterstock (MTrebbin), New York; 71.10 iStockphoto (DonNichols), Calgary, Alberta; 71.11 iStockphoto (dsafanda), Calgary, Alberta; 71.12 Fotolia.com (Ekkehard Stein), New York; 71.13 Shutterstock (Garsya), New York; 71.14 Thinkstock (LightSecond), München; 71.15 Shutterstock (rvlsoft), New York; 71.16 Shutterstock (Slavko Sereda), New York; 72.1 Shutterstock (MTrebbin), New York; 72.2 Shutterstock (Slavko Sereda), New York; 72.3 iStockphoto (dsafanda), Calgary, Alberta; 72.4 Shutterstock (Garsya), New York; 72.5 Shutterstock (mistery), New York; 72.6 Shutterstock (rvlsoft), New York; 72.7 iStockphoto (onebluelight), Calgary, Alberta; 72.8 Shutterstock (Julian Rovagnati), New York; 72.9 Klett-Archiv, Stuttgart; 73 Thinkstock (miflippo), München; 74.1 www.klonkfotodesign.de; 74.2 S. Felber, Berlin; 75 www.klonkfotodesign.de; 76.1 Thinkstock (akinshin), München; 76.2 Thinkstock (AleksVF), München; 77.1 Thinkstock (furtaev), München; 77.2 Klett-Archiv, Stuttgart; 78 Thinkstock (Hemera Technologies), München; 79.1 www.klonkfotodesign.de; 79.2 M. Guglielminotti, Paris; 80 Thinkstock, München; 81 www.klonkfotodesign.de; 89.1 Shutterstock (33333), New York; 89.2 Fotolia.com (rdnzl), New York; 89.3 iStockphoto (karandaev), Calgary, Alberta; 89.4 Thinkstock (fotofermer), München; 89.5 Shutterstock (Nils Z), New York; 89.6 Shutterstock (Inga Nielsen), New York; 89.7 Shutterstock (Evgeny Karandaev), New York; 89.8 iStockphoto (RedHelga), Calgary, Alberta

Sylt
Ostsee
Kieler Bucht
Fehmarn
Nordsee
Rügen
Kiel
Helgoland
Rostock
OSTFRIESISCHE INSELN
Lübeck
Bremerhaven
Hamburg
Müritz See
Oldenburg
Bremen
Elbe
Ems
Weser
Oder
Wolfsburg
Berlin
Polen
Aller
Hannover
Potsdam
Osnabrück
Niederlande
Braunschweig
Weser
Hildesheim
TEUTOBURGER WALD
Salzgitter
Bielefeld
Magdeburg
Leine
HARZ
Münster
Rhein
Cottbus
Hamm
Elbe
Dortmund
Neiße
Göttingen
Moers
Essen
Halle
Krefeld
Duisburg
Hagen
Mönchen-
gladbach
Düsseldorf
Wuppertal
Leipzig
Kassel
Solingen
Remscheid
Leverkusen
Dresden
Köln
Bergisch-
gladbach
Siegen
Erfurt
Jena
Gera
Chemnitz
Aachen
Bonn
THÜRINGER WALD
Werra
Fulda
Belgien
Koblenz
Deutschland
Wiesbaden
Frankfurt am Main
Rhein
Mosel
Offenbach
Main
Mainz
HUNSRÜCK
Luxemburg
Trier
Darmstadt
Main
Würzburg
Tschechische
Republik
OBERPFÄLZER WALD
STEIGERWALD
Saar
Ludwigshafen
Mannheim
Fürth
Nürnberg
Saarbrücken
Jagst
Heidelberg
Heilbronn
Karlsruhe
Regensburg
Pforzheim
Stuttgart
Ingolstadt
Donau
Tübingen
SCHWARZWALD
SCHWÄBISCHE ALB
Frankreich
Neckar
Reutlingen
Augsburg
Linz
Ulm
Donau
Wien
St. Pölten
Inn
Lech
Neusiedler See
Freiburg
München
Salzach
Eisenstadt
Enns
Salzburg
Schaffhausen
Basel
Bodensee
Österreich
Frauenfeld
Liestal
St Gallen
Aarau
Zürich
Bregenz
Delemont
Herisau
NIEDERE TAUERN
Inn
Solothurn
Zug
Vaduz
Liechtenstein
Innsbruck
Neuchâtel
HOHE TAUERN
Mur
Graz
Luzern
Bern
Schwyz
Lac de Neuchâtel
Chur
Fribourg
Schweiz
Klagenfurt
Lausanne
Finsteraarhor
Lac Léman
Drau
BERNER ALPEN
Slowenien
Genève
Sion
Bellinzona
Italien
Matterhorn
Monte Rosa
Kroatien